比德好家长 相伴共成长

上海市徐汇区第一中心小学家庭教育指导特色项目成果集

陆培贤 主编

上海社会科学院出版社
SHANGHAI ACADEMY OF SOCIAL SCIENCES PRESS

前言

上海市徐汇区第一中心小学是一所百年老校，1912 年建校，原名市立比德初等小学校，“比德”两字取之于孔子的“君子比德于玉，温润而泽仁也”的儒家思想。学校所在社区历史悠久，拥有丰厚的文化资源和人力资源。而作为一所公办学校，学校家长也以上海本地人和人才引进的新上海人为主，家长群体的普遍学历层次较高，总体素质较好，家长资源丰富，因而对学生发展有较高的期待，大部分家长都乐于参加学校家庭教育活动。这些优势促进了学校家庭教育指导工作的开展，但同时也对家庭教育指导工作提出了更高的要求。

近年来，学校一直致力于拓展家校互动交流的平台和渠道。学校利用网络微信公众号宣传办学理念和学校活动，通过开办家长学校不断转变家长的教育教学观念，邀请家长参加校园开放日和各年级主题教育活动，建立班级微信群助推家校沟通，开展个别家长接待家访工作，积极发挥家委会的作用，鼓励家长参与学校管理。学校遵循三全育人的工作理念，构建了学校、家庭、社区联动的教育立体网络，共同促进学生健康快乐地成长。

当然，在实际教育教学过程中，我们也发现了一些具有代表性和普遍性的家庭教育问题。学校更认识到家长在家庭教育中的主体责任还未得到完全的发挥，某些家长的家庭教育观念和教育方法也有些滞后，不利于孩子的身心健康发展。部分家长迫切地希望教育好子女，但却常常感到心有余而力不足。学校还通过多次问卷调查发现，大部分家长最信任从学校获得家庭教育指导，有超过半数的被调查家长需要学校能够提供针对性的、个性化的家庭教育指导，帮助他们解决实际的教育问题。而学校目前虽然为家长安排了各种家庭教育讲座和教育实践活动，但缺乏系统完整的家庭教育课程，这也影响到了家庭教育指导作用的发挥。

我们深切地感到，家庭教育虽是大众化的行为，但绝非大众化的认知所能驾驭的。作为一门科学，它自有其内在的逻辑和科学规律。从这个角度来说，学校为家长提供高质量的家庭教育指导课程势在必行。因此，基于家长对家庭教育指导的客观需求，学校以提高家长的家庭教育水平为目标，以促进家长发挥家庭教育主体责任为导向，确立了“构建家庭教育课程，开展家庭教育有效指导的策略研究”的课题研究。

本书就是我校围绕“以玉立德”的育人理念，制定了“比德好家长·相伴共成长”校本家庭教育特色项目的成果分享合集。整个项目内容，学校依据培养“比德好家长”的目标，分为仁（善于爱）、礼（循规律）、智（有方法）、和（讲和谐）四部分，通过调研、座谈等形式，针对家长的普遍需求及社会相关热点、家教难点等问题，精心设置了 17 个微型小讲座，帮助家长转变教育观念，调整教育心态，改善亲子关系，掌握正确育人方法，优化教育环境。

我们希望通过这本书，能够向大家呈现出我校在建构具有学校文化气息的家庭教育课程上所做的努力，帮助家长更新家庭教育理念，提升家庭教育水平，使广大家长的整体素质和教育子女的能力得到全面提高，促进家长和孩子共同成长。同时，这本书对于推进我校家庭教育课程体系建设、提升学校家庭教育的品质，也具有相当重要的积极意义。

徐汇区第一中心小学
家庭教育特色课程活动照片展示

家长参与学生的活动

家长参与学校的教育教学

家长参与学校管理

家长辅导家长

目 录

第一部分　仁（善于爱）

目标：帮助家长学会爱的教育，以自身良好的品行感染教育孩子，与孩子相伴相知，共同成长。

内容：

1. 家庭教育中爱的原则与规则
2. 与爱对话：　亲子关系的构建
3. 平息情绪风暴，找回爱的能力
4. 用心引导　向善而育

1. 家庭教育中爱的原则与规则

从古至今，重视家庭教育是中华民族的传统。2015 年的春节团拜会上，习近平总书记指出：“要重视家庭建设，注重家庭、注重家教、注重家风”，充分体现了国家对家庭教育的重视。青少年是国家的未来和希望，青少年家庭环境、家庭教育会影响其对整个世界的认知及其自身的价值观形成，并进而影响青少年的核心素养发展。随着《中华人民共和国家庭教育促进法》的颁布和实施，当下的家庭教育得到进一步广泛重视的同时，也面临着机遇和挑战，尤其是两代甚至三代人价值观的碰撞，家长的知识权威受到挑战，家庭过滤信息的有效性与网络复杂性的矛盾困扰着众多的家长。现代的家庭教育中，家长们不仅要遵循孩子心理发展和亲子教育的规律，还要用全面的、开放的、超前的、赏识的眼光来迎接并适应家庭教育的新时代，更要理解和接纳孩子，和孩子一起健康、快乐地成长！

一、教育要点

【家庭教育中的“爱”是有原则和规则的】

现在很多都是独生子女家庭，每一位父母对孩子的爱也都是无保留、无条件、无私的，但许多父母却从未思考过家庭教育中“爱的原则与规则”问题。不少父母把爱转变成管教、训斥、责骂，将爱的作用仅限于发号施令，随着孩子的长大却一年一年地疏远了父母。父母为之苦恼：我如此爱孩子，孩子为何对我冷淡呢？孩子也为之痛苦，以为爸爸妈妈根本不爱他/她。父母的爱有助于孩子的成长和独立，使孩子正确对待他人并形成健康心理。父母爱的有情、爱的有理、爱的得法，孩子就会在父母有原则、讲规则的“爱护”下成长，孩子必然会对父母的爱作出真切反应，父母也会得到孩子回报的“爱”，这种回报的爱，也会是无保留、无条件、无私的。

二、教育贴士

家庭教育中父母对孩子表现出来的爱，既有理性的爱，也有不少是溺爱，父母是否爱的有情、爱的有理、爱的得法，关键在于能否实现爱的规则之平衡。这种爱的规则之平衡，主要包含以下几个方面。

一是所有的家长都爱自己的孩子，但应该理智地爱孩子，要给予孩子尊重，要善于接纳孩子和宽容孩子。

二是在家庭教育中，家长要懂得爱孩子的原则，不能过度宽容、过分宠爱、过度照顾、过分担心孩子。

三是家庭教育中的爱，是在营造家庭亲密氛围，陪伴孩子学习、娱乐和共同成长中的良好亲子沟通所表现出来的爱。

四是随着孩子长大，孩子的自我意识也在增强，家长要尊重孩子的人格，保护孩子的自我意识和人格尊严。

五是当孩子出现各种问题时，家长不仅要控制情绪，还要言传身教，更要言之有理、动之以情。

六是创造让孩子表达爱父母的机会，不能让孩子只接受爱而不爱家人。

三、亲子互动

1. 创造充满爱意的家庭

父母良好的性格、健康的情绪是建立充满爱意家庭的先决条件。孩子在家庭里不但可以得到其生活所需，还要在家庭里得到真正需要的关怀。如果父母忙于工作，在家对孩子也漠不关心，孩子便会产生自卑情绪，变得孤僻。优秀的父母会在家里通过言语和行动，给予孩子温暖的亲情关怀，保证孩子在感情需要上的平衡。

2. 善于控制自己的情绪

孩子通常在关键时刻判断父母的爱，比如孩子在遇到困难或做错事情时，对父母总有一种想要得到宠爱的期望，所以父母要学会控制自己情绪，在冷静中寻找好的对策，让孩子感受到你的爱。一味地发脾气是一大禁忌，也许父母是出于恨铁不成钢的本意，但无论如何要学会控制情绪，因为发脾气最容易伤害父母与孩子的感情，随着孩子的长大，这种伤害也更大。

3. 不要随意体罚孩子

家长在实施亲子教育中要规避有害的方式方法，尽管惩罚孩子往往是想获得预期的家庭教育效果，但随意体罚反而会在孩子心里增加敌意，让孩子产生委屈和愤怒等负面的情绪。孩子如果对自己所犯的错误已有忏悔内疚之感，体罚就是对孩子内疚感的摧毁。如果强迫孩子对愤怒的父母道歉，会使孩子在意志上和性格上与家长对立。

4. 给孩子提供合适的帮助

当孩子心理或身体受到伤害时，是孩子感受父母爱的关键时刻。若父母不管孩子发生什么事，一味责怪其他人或外在环境，孩子虽然能感受到父母的爱，但同时也容易形成“自己的不幸全是由别人造成的”意识。当自己遇到大的困难时，他/她便把责任全部推给父母，变爱为恨。父母最重要的是帮助孩子增强自信，不加重孩子的受伤害感。

5. 每天快乐地和孩子分享

父母要让孩子知道，他们非常高兴看到他从学校回来，让孩子有向父母倾吐一天来发生趣事的愿望。如果孩子在外受了委屈，他/她回到家一定想告诉父母。所以，父母一定要花些时间全神贯注地和孩子相处，跟孩子轻松自由地谈话。“你看起来又有什么高兴的事?”或是“你这么沮丧，今天在学校是不是和小朋友闹别扭啦?”……类似的问话能让孩子感觉到父母的关心和帮助。

6. 不说伤害孩子自尊心的话

当孩子出现问题时，家长要规避有害的管教方式，尤其要避免喋喋不休地数落孩子，因为语言暴力比我们想象中更伤害孩子。类似“你这个废物，你有啥用”“不要再给我丢脸了，生你真的后悔”“你看人家怎么聪明，就你这猪脑子”等语言暴力，尽管不会在孩子身上留下伤痕，但留在孩子心里的伤口甚至要比身上的伤口更难愈合，影响更深远。

四、案例分享

小李同学刚升到三年级不久，就遇到了新冠疫情暴发，去不了学校，只能在家上网课学习了。脱离班集体的学习环境，在家上网课独自学习，小李同学的学习自觉性、主动性就大打折扣了。他爸爸妈妈反映小李每天在家就离不开电视，一边手里拿着玩具玩，一边看电视，对应该完成的作业也拖拖拉拉，没有时间观念，不叫他去做作业，他就不会主动去做。有时他会觉得没玩够，还很不高兴，总要再磨上几分钟。家长认为孩子这个习惯很不好，经常提醒他，可是小李就是改不了。

后来家长在与班主任的联系中谈到了小李在家学习不主动、不积极、作业拖拉等问题，家长向老师请教如何管教孩子。班主任也知道小李的爸爸妈妈平时较为宠爱孩子，孩子提出的要求一般都能无条件答应。即便有时孩子表现不好，爸爸妈妈也只是口头警告一下，大部分情况下还是能满足小李的要求的。根据这些家庭教育信息，班主任向小李的父母传授了有关“爱与规则”的教育思想和基本措施，并达成共识。

首先是让家长合理安排家庭作业、娱乐活动、饮食起居等时间。合理安排时间就是相对固定时间，当凡事相对固定，就成了习惯，习惯对孩子的健康发展会有重大的影响。其次，班主任向小李父母建议培养孩子的时间观念：孩子过生日的时候，家长曾送给他一块手表，他一直爱不释手，小李父母可以利用这块小小的手表，提出一些相关的规则，从而帮小李养成一个良好的生活习惯。

之后，小李父母找小李谈心。谈心内容如下："你是三年级的小学生了，应该能自己掌握并合理安排自己的时间。另外爸爸、妈妈也要忙自己的事情，不能总是陪着你上网课、完成作业。咱们来约定个时间，让这块小手表来监督：网课结束后可以休息20分钟，吃一些小点心，然后要抓紧时间做作业，看看你花多少时间完成作业，能又快准确率又高。完成得快，自己玩的时间也就多了；完成得慢，玩的时间就少。"小李满口答应。

在一开始的实行中，小李还会犯以往的错误，并以撒娇哭闹等手段要求增加玩耍时间，小李父母坚定地拒绝。小李几次下来都没能达到要求，感觉到自己爸爸妈妈在这件事上的坚决态度，也就按照父母的要求去做了。

俗话说，"习惯成自然"，渐渐地，小李学会了合理安排自己的时间，大大提升了自我管理的能力，学会了如何在有限的时间内合理安排自己的学习和活动。

五、良方提示

1. 把重要的规矩写下来，这样可以时时刻刻提醒自己。
2. 当孩子有好的表现时，家长不仅要善于言语表扬，还要给予适当奖励。
3. 当孩子出现各种问题时，父母要控制自己的情绪，严禁粗暴体罚。

（施文娟）

2. 与爱对话：亲子关系的构建

家庭是社会的细胞，是孩子个体成长和社会化的第一环境。和谐良好的亲子关系，已经引起越来越多的教育家、社会学家及心理学家的高度重视，并在研究中证实了良好的亲子关系胜过最好的教育。亲子关系具有极强的情感亲密性、血缘一致性、长期渗透性，它直接影响孩子的身心健康与个性的发展。良好的亲子关系能够有效地促进父母和孩子之间的沟通交流，促进相互认识和理解，直接影响孩子自我意识的建立、个性的健康发展，以及孩子的学业成绩、心理行为等问题。

亲子关系是人一生中最早建立的人际关系，是一切社会情感的基础。亲子关系是家庭的存在形式，是相互作用的，能够培养出父母与孩子间深厚的感情和依赖，还会影响孩子以后的人际交往模式。亲子关系对人一生的发展和幸福至关重要，维系这些关系的核心是拥有爱。

一、教育要点

【构建和谐良好的亲子关系】

所谓亲子关系，是指父母与子女之间的关系。婴幼儿时期的亲子关系对孩子性格的形成、品质的培养、意志的磨炼、与人交往模式的建立等，都起到了决定性的作用。

如果用1—10来定量评价亲子关系性质，每个家庭亲子关系（父母给出的分数+孩子给出的分数）的总体评价就一目了然。为什么构建起和谐良好的亲子关系十分重要？因为一个人的情感态度、行为模式和人格特征，在婴儿期的亲子互动过程中早已奠定基础，再经其后的儿童期、青年期等身心发展的重要阶段，逐渐形成了个人的独特人格。亲子关系会直接或间接影响子女的身心健康、情感态度、行为模式、价值观念及未来成就，是一门非常具有艺术性的科学。现在的独生子女大多不好管教、不服管教，这是让许许多多父母最头疼的问题。因为亲子关系如果太亲密，怕产生溺爱；亲子关系如果不够亲密又容易导致彼此的隔阂，担心孩子抱怨和疏远。同时亲子关系会受到父母自身的各种因素制约，如父母的教育水平、经济状况、生活条件、思想和性格、教育子女的方法等，都起着很重要的作用。

二、教育贴士

1. 亲子关系建立的最佳时机

科学来讲，建立和谐良好的亲子关系其实是在孩子 6—8 岁之前。许多家长不知道在孩子 6—8 岁以前如何进行科学的教育，总以为开发智力教育就是科学教育。有些家长安排孩子去学弹琴、学画画、学跳舞，总想让他们在掌握一些技能中开发智力，培养特长。然而许多孩子对家长的这些安排不感兴趣，不愿听家长的话，甚至有孩子爱跟家长唱反调，令家长头痛。其实童年在技能和知识上的优势对于大部分孩子整个人生的积极影响几乎是微乎其微的。

2. 亲子关系建立要形成良好互动

好的亲子关系本身就是好的教育。如果亲子关系不和谐，家长就会发现很难教育孩子，家长对孩子说话，孩子不爱听、不想听。如果亲子关系良好，不仅孩子愿意跟父母交流，而且在这种亲子关系中双方都能学会很多，比如心平气和、平等交流等。假如父母在和孩子相处中，在坚持自己原则的同时也尊重孩子的需要，那么孩子就会体验并学会平等待人，将来走出家门，对别人就会不卑不亢，受人尊敬。

三、亲子互动

在家庭教育中，亲子关系的核心是“爱”。具体行为表现在：父母能陪伴孩子、夸夸孩子、亲亲孩子、抱抱孩子等。这种爱的实质是父母把孩子当个体看，且是当作独立的个体来看待。

父母把孩子当作独立个体来看，意味着要给孩子的成长留出足够的空间。生活中我们常常见到，小时调皮捣蛋的孩子大多头脑灵活，遇到险境多能机智避开，长大后也多会积极努力。电视剧《亮剑》里的李云龙小时候绝不是个“省油的灯”，但打仗时鬼点子多，打久攻不下的坂田联队时，他组织兄弟们挖战壕向前推进到距离敌方只有 30 米远的地方，再往上扔手榴弹，这办法常人很难想到。小时候常帮助他人的孩子，长大后多半会在社交上表现得主动积极。生活经验告诉我们，往往随着时间的推移，曾经的问题就成了孩子现在的资源。所以，父母要避免用僵固思维、刻板地对待孩子成长中出现的问题。如果你把孩子当作成长中的个体看待，许多问题就会随着时间的推移得到很好的解决。

父母把孩子当作独立的个体来看，意味着要给人性留出空间。从人性的角度看，趋利避害、得过且过、意志薄弱等，这都是很正常的人性。玩游戏就是比起学习更能让孩子感受到快乐，游戏中可以体验到成功的价值感，而学习中会遇到挫折、困苦。“应该”的思维是要不得的，允许孩子有正常人性的选择与表达，如此便是给人性留出了空间。

父母把孩子当作独立的个体来看，意味着要给接纳留出空间。“别人家的孩子怎样，我们家的孩子也应该怎样”，这是绝对化思维在作怪。这让孩子受伤，也让父母焦虑。我们应该这样设想：我们的孩子不那么聪明，不那么优秀，我们的义务就是陪孩子慢慢变得聪明，变得优秀。我们要能心情平静地听别人讲别人家孩子的故事，接纳自己孩子的特质，知晓他/她的优点，顺应他/她的节奏，把握他/她的发展方向，然后每天陪孩子坚持向优秀的方向努力，这就是给接纳留出了空间。一句话：改变能够改变的，接受无法改变的。

父母把孩子当作独立的个体来看，意味着要给关系留出空间。人是关系中的人，孩子的行为体现了亲子关系的质量。关系大于且优于教育。当孩子出现问题时，父母得提醒自己：孩子是自己生的、自己养的、自己塑造的！孩子这样，自己是有责任的。这就不会苛责孩子，也给你们关系质量的进一步提升留出了空间。

四、案例分享

1. 不当“法官”，学做“律师”

有些父母看到孩子出了问题，便迫不及待地当起了“法官”，这是很危险的。例如，两个孩子发生矛盾，大人总会先指责平时不听话的或年纪大的那个孩子，而不过问原因。孩子的内心世界丰富多彩，父母要积极影响与教育孩子，不了解其内心世界便无从谈起。而了解孩子的第一要诀是呵护其自尊，维护其权利，成为其信赖和尊敬的朋友。即父母对待孩子，要像“律师”对待自己的当事人一样，了解其内心需求，并始终以维护其合法权利为唯一宗旨。

2. 不当“裁判”，学做“拉拉队”

在人生竞技场，孩子只能自己去努力。父母既无法替代孩子，也不该自作主张去当“裁判”，而应该给予孩子一种保持良好竞技状态的力量，即“拉拉队”的力量。这样更能帮助孩子建立自信心，而这正是家庭教育的核心任务。无论是学习、购物，还是吃饭、穿衣等生活的方方面面，家长都应该给予孩子选择的机会，促使孩子在完整的选择过程中成长，这样有利于培养孩子的自主性和自信心。在这些选择过程中，家长可以这样做：

选择前：给孩子更多机会去选择，尽可能地少提或者不提意见，真正让孩子做主，让孩子从中自然地积累经验。

选择时：给孩子足够的时间，不提太多的意见，即便他们选错了，除非会对他们造成伤害，否则不要轻易纠正。不要害怕出“问题”，这是他们成长的必要途径和成本。

选择后：假如孩子的选择是适合的，家长和孩子一起高兴。假如选择有误，我们也不要去指责和讽刺，孩子自己已经从中获得教训。最好的方式就是：什么也不说，下次依然给他们机会，相信他们下次一定会更好。

父母做孩子的“拉拉队”，既要善于发现和赞美孩子，还要引导孩子正确面对失败，在挫折前做孩子的战友。

3. 不当“驯兽师”，学做“镜子”

孩子只有正确认识自己才能克服自己的弱点，但他们通常只能依据他人的反馈来认识自己，这时父母的“反馈”作用即镜子的作用就很重要了。不当“驯兽师”，学做“镜子”，才能帮助孩子提高自我认识和判断是非的能力，让孩子不害怕父母的“权威”，转而和父母沟通。

五、良方提示

亲子关系是我们每个人来到世间的第一个人际关系，它对我们每个人的身心健康都十分重要。为人父母，要知道衡量“真爱”的两把尺子是：真爱是一种抚育自身和他人情感与心理成长的行为；真爱是一种助长个性的责任感。

1. 家长要正确定位自己的角色，塑造易于亲近的、美好的优良形象。可以跟孩子做好朋友，多交流，而不是高高在上、难以沟通的样子，关爱和严格同等重要。
2. 父母要多关注孩子的心理变化，尽早发现并开导孩子的不良心理症结。父母要乐于满足孩子的合理要求，也要适时否决孩子不合理的要求，但父母不能一味地严词厉色，也可以是用温和的态度，说明为什么拒绝。

3. 父母也需要尊重小朋友，相信他们能做好，给他们自信，让他们感觉到自己的重要性。这样的亲子关系，可以让孩子变得有责任感。
4. 家长要坚决杜绝“家暴”，树立科学的教育理念。家庭教育中要给孩子空间，支持孩子独立并直面挫折，解决问题，让孩子从小养成尊重师长、关爱朋友等好习惯。
5. 营造美满的家庭环境，建立和谐的亲子关系，会让孩子萌生乐观的生活情绪和态度，正确面对生活中的各种问题，游刃有余地解决人际交往问题。

父母是一张“弓”，孩子是一支“箭”，当“弓”拼尽全力把“箭”发射出去，目送“箭”越飞越远，“弓”只能拥抱这份孤独和幸福，尽管“箭”未曾有片刻的回眸，但是“弓”知道世界上只有一种爱以分离为目的，那就是父母对孩子的爱。

（刘惠琳）

3. 平息情绪风暴，找回爱的能力

情绪在亲子关系中扮演着很重要的角色，父母良好的情绪状态将有利于建立良好的亲子关系，从而使父母对孩子的教育更为顺利。可是，几乎没有哪个爸爸妈妈能够面对孩子永远保持冷静。父母要想帮助孩子改正错误、避免对抗，首先要学会控制、调节自己的情绪。对孩子生气，冲孩子发火，简直是养育孩子的过程中再正常不过的情景了。可是，原本想要表达的爱，却变成指责、怨恨和伤害，不仅无法帮助孩子纠正行为偏差，反而会使孩子在生理、心理上产生消极的应激状态，身心健康受到严重影响。情绪风暴摧毁了父母爱的愿望和能力，伤害父母和孩子的关系。所以，想教育好孩子，改变孩子的不良行为，父母首先要学会调整、控制自己的负面情绪，平息情绪风暴。

一、教育要点

【探寻不良情绪的根源，学习控制情绪的方法】

父母对孩子发火，都是孩子惹的祸吗？我们常会对孩子说："你不那么淘气，我就不会这么生气"或者"你惹我生气""你让我伤心"，仿佛我们的烦恼都是孩子的错。如果我们对孩子、对自己始终抱有一些根深蒂固且不合理的观念，那么，遇事生气、发火、沮丧就在所难免了。所以，自己的不良情绪往往是基于自己的观点或想法而产生的，而不完全是孩子的行为直接引发的。情绪的主宰者正是我们自己，而不是孩子。因此，只要不放弃对自己情绪的控制权，就能成为自己情绪的主人。我们可以试着用以下的方法尽可能地来控制我们的情绪、保持平和的心态。

二、教育贴士

1. 改变不合理观念

控制情绪的第一要诀，就是改变自己原来的一些不合理观点，并且用一些合理的观点来取代它。比如：父母与孩子之间的困扰、不协调，只是彼此意见不合、看法不一致，并不是大难临头；孩子从不成熟走向成熟，不是一帆风顺的，犯错误是孩子成长的必经阶段，孩子出错、遇到问题是一件很自然的事情。

当父母具有这样一些较合理的观点时，就容易摆脱不良情绪的困扰，就会对孩子的言行举止产生正向的情绪反应，从而能够采取有效措施了解孩子，给予孩子关怀和支持，为孩子提供一个好的成长环境。

2. 调整说话的声调

说话的声调传递着一个人的情绪和态度信息。试着调整自己说话的声调，让它变得沉稳和友善，注意听自己用这样的语调说话，能使自己的情绪逐渐变得愉快和稳定。

调节并观察自己的面部和体态表情。因为面部表情和身体姿态既能表现人的情绪，也可以影响人的情绪。如果你感到疲倦或心情沮丧，可以面对镜子，做一些传达肯定、友善的表情和姿态，比如微笑、轻松的动作等，也常常能让自己感到愉快，精神好起来。

3. 爆发前倒数 10 秒

人在情绪失控的时候，说话难免口不择言，这样会给周围的人带来不必要的伤害。曾经有个专家诙谐地说："下次发火之前先试试紧闭嘴倒数 10 个数，看看之后是否依旧非常想发火。"在场的尝试者表示，这短短的 10 秒，就像一个缓冲阀，它可以有效地避免坏情绪像脱缰的野马一样横冲直撞。有时，只因为这 10 秒的"等待时间"，就能让你糟糕的情绪烟消云散。

4. 学会自我放松

平时可以做一些放松练习，到了真正感到紧张、焦虑和有压力的时候，这些练习说不定就能派上用场：安静独处，给自己留出一段时间，独自安静地做些事，告诉家里人不要打扰自己。做做深呼吸，同时告诉自己“放松，放松”，或者数着自己的脉搏，对自己说：“慢一些，慢一些……”

5. 尝试幽默方式

在遇到挫折、令人沮丧的事情时，努力换个角度，用夸张的方式来想这件事情，开开自己的玩笑。收集一些滑稽的卡通图片，贴在随时可以见到的地方，心情不好的时候看一看，或者读一些笑话。幽默有趣的事情能让自己愉快起来。

相信世上没有完美无缺的人，在孩子面前，以幽默的方式接受自己的不完美，承认自己的错误，不仅能让自己轻松起来，而且能把一种坦然、放松的处世态度传达给孩子。

三、亲子互动

如果家庭教育中和孩子聊得不投机，感觉怒气要上来，眼看要“踩地雷”时，心理学家建议使用积极暂停的方法。那就是当怒火一触即发的时候，离开“案发现场”，到一个自己觉得舒适放松的地方待一会儿，也可以倒杯水、上个厕所什么的。待情绪平复后，再继续解决问题。如果不能走开，也可以试着转换一下话题，强迫自己想想其他事情：回忆一些愉快的片断，盘算一些其他的事情，诸如明天要买什么东西，房间是不是要重新布置一下等，使自己暂时忘掉眼前不愉快的话题。停止对不愉快话题的思考，可以暂时避免产生愤怒、处罚孩子的不合理反应。积极暂停也适合孩子自己使用。可以让孩子在家里布置一个积极暂停的角落，这是个让孩子愉快开心的地方，甚至还可以让孩子给这个角落取个“小精灵的魔法屋”之类的名字。当孩子要大发脾气的时候，可以去那个角落待一会儿，再来解决问题。

四、案例分享

1. 毁了妈妈的口红，被妈妈呵斥了

昊昊妈妈花300多元买了支新款口红，她非常喜欢。当她发现昊昊拿着口红在墙壁上画画时，顿时气疯了，大声地呵斥：“你在干什么?”并粗暴地从孩子手中抢过口红。口红已经不能用了，看着被画得乱七八糟的墙壁，她又忍不住训斥了儿子一番。

策略：要明白孩子调皮的真正原因

昊昊妈妈第一句话就是“你在干什么?”在孩子听来，这句话不是问他在干什么，而是责怪他。很多时候，孩子调皮是为了“好玩”“搞创意”。孩子不懂得口红的价值，不明白妈妈发火的原因。妈妈在发火前，应该换位思考，想想孩子这样做的真正原因，是因为没有人陪他玩，还是因为太无聊了?

2. 丈夫不关心自己，怒火转移到孩子上

秋女士总觉得丈夫不太关爱自己，从来不帮她分担家务，一家人很少有交流和沟通，这样的夫妻关系让她心中总是有股怒火。有时，怒火就转移到孩子身上。孩子早上不起床，喜欢看电视玩游戏，忘记做作业，她都会冲着孩子大吵大叫，“太不争气了！跟你爸爸一样懒!”

策略：先找其他渠道处理情绪

因为夫妻关系影响到亲子关系的情况比比皆是，夫妻沟通不顺畅，让妈妈把怨气转移到亲子关系上。妈妈不妨可以约朋友逛街、唱歌，用自己的渠道发泄情绪，而不要让孩子成为“替罪羔羊”。“跟爸爸一样

懒”的气话，只会积累矛盾。

3. 又忙又累的妈妈受不了孩子的拖拉

小俊的妈妈工作很忙很累，回家后还要做家务、照顾小俊。最让妈妈窝火的是，每次叫小俊洗澡或做作业，他都是嘴上答应着“嗯”“知道了”，眼睛却还盯着电视。白天的工作压力，晚上小俊的拖拉，让妈妈终于忍不住爆发了。

策略：改变沟通方式

有时候，家长朝孩子发火，不仅因为孩子不听话，也夹杂了很多日常累积的压力和工作的不顺心。首先家长要找到适合自己的缓解办法。在发脾气后，要主动和孩子沟通，说清楚是什么原因让妈妈发火。妈妈可以在周末把孩子带去公司来了解妈妈工作的辛苦。还可以改变沟通方式，小俊拖拉的根本原因是没有时间观念，妈妈需要换一种方式提醒他。比如：当第 3 次催促时，就要提醒孩子，第 4 次我就要发火了。

4. 对什么也不会的孩子，妈妈当众责骂了

Jenny 快被女儿气死了，7 岁半的孩子，口渴了不会自己动手倒水喝，总是嚷嚷着要父母帮她倒水喝；下课了，不会有条理地收拾书包，总是把学习用品横七竖八一股脑儿塞进书包草草了事。Jenny 和丈夫工作忙，周一到周五，女儿都由爷爷奶奶照顾。由于老人把孩子照顾得太“好”了，导致孩子自理能力很差。有一次上兴趣班，Jenny 再次被女儿的笨拙气疯了，“你怎么还是不会？上周不是说了吗？”在大家的面前，Jenny 把女儿骂了一顿。

策略：要发火了，请先离开现场

无论是多么开朗活泼的孩子，当众的责骂总会伤孩子的自尊心。家长不要觉得这么简单的问题孩子怎么会不懂，如果不会做或搞不懂，一定是孩子的问题。家长不要觉得上周讲过的问题，这周孩子怎么就

忘了，而应该反思这一周孩子有没有练习的机会？有没有巩固上一周的知识点或技能？家庭教育中的问题，归根到底是孩子和家长之间的问题，是两代人乃至三代人的教育观念不一致所导致的。为此，家长要发火前，可先离开现场，等各自的情绪稳定了再进行彼此之间的平等交流。

五、良方提示

爸爸妈妈并非不能在孩子面前发火，但需要注意以下几点：

1. 适时地发脾气，会让孩子明白，你的底线在哪里，下次不容易犯错。
2. 发火时，可以用语言批评孩子，但不能给孩子贴标签。如“粗心”“走神”等，他们会把自己做不到或做错的事情，归咎于“我就是粗心”“我妈都说我是这样子的”，而不去努力改正。当家长发脾气时，要使用“不够＋正面的词语”去跟孩子说，如不够认真、不够专心，让孩子知道，你只是差一点点，再努力一点点，你也是认真的孩子。
3. 夹杂了其他事情而向孩子发火，事后要跟孩子沟通、认错，说一下双方都做得不对的地方，增进沟通、了解。
4. 发脾气后，不要试图以物质补偿孩子。孩子会认为爸爸妈妈给我买东西，我就该接受他们的脾气，但接受脾气，不代表孩子会改正错误。

每个孩子刚出生时，孩子的一个笑容，一个发音都让我们惊喜，头脑里想象着把他/她养成自己期待的样子。然而，慢慢地，孩子不断长大，本领也大了，有了更多自己的想法。我们在享受亲子之情的同时，亲子冲突也自然增多。在我们最抓狂崩溃、情绪失控的时候，看着孩子委屈、可怜的样子，后悔、内疚、自责，发誓下次不这样了。但是，我们都知道，一定还有下次。养育孩子的过程没有顺利可言，我们所遇到的困难和所犯的错误，都可以变成我们和孩子共同成长的一次珍贵机会。崩溃的时刻也是帮助孩子成长、学习，帮助他们拥有快乐、健康、充实人生的机会。但是，冲动是魔鬼，合格的父母都应该学会控制自己的情绪。愿父母能积极学会平息情绪风暴，找回爱的能力，用稳定的情绪，在孩子的心里播下善良、平和心态的种子，不仅能够让孩子感受爱和温暖，也能为他人传递美好。

（袁昶华）

4. 用心引导　向善而育

中华民族是个善良的民族，直到今天，善良依然深刻影响着中国人的伦理道德观念。但是随着经济社会的快速发展，我们看到当今世界涌现出一些自私自利、肆意妄为、道德虚无等一系列的问题，这些负面的问题影响着社会的风气，影响着心智尚未成熟的孩子。随着“互联网+现代企事业管理”的迭代更新，家长们的职业要求高了，工作节奏快了，“996”似乎也不稀奇了。当父母工作压力增大、陪伴孩子的时间减少，祖辈退而不休肩负照顾第三代就成了当下的新常态。

每天孩子上下学的路上，小区孩子们娱乐嬉戏的草地上，我们经常看到祖辈细心照顾着孩子，可孩子们变得越来越爱发脾气，一不顺心就情绪激动，对着长辈大吼大叫，指手画脚，似乎忘记了善的概念。善与恶相对，既是最高的道德范畴又是一切美好的动机、言行和品质。狭义上，善即善良，指一种心地宽厚、仁爱的个人品质，善良的人往往就是生活中那些尊重他人、关心他人、宽容待人、重感情的好人。

通常，我们家长都希望自己的孩子是一个善良的人，可是自己在生活中又往往会言行不一致。教育孩子要尊敬长辈，自己却对父母不那么孝敬。家长的言行不一，对孩子的娇生惯养，不仅导致了“善”的缺失，而且让孩子陷入了迷茫之中。

一、教育要点

【用心引导，向善而育，让真、善、美刻印在孩子内心中】

大家都知道《三字经》中第一句话：“人之初，性本善。”从人天生的性情来说，每个人都是善良的，只是后天的影响，导致人有善恶美丑之分。虽然孩子天性是善良的，但后天的生活环境和家庭教育也是非常重要的，不要以为孩子最初的善良日久天长不会变化，遇到不良的社会环境影响，孩子善良的本性也会变质的。一个呱呱坠地的婴儿长大成人，他/她是否有正确的世界观、人生观和价值观，很大程度上取决于家庭和父母的影响。正如苏霍姆林斯基曾说："对一个家庭来说，父母是根，孩子是花朵。热情大方的父母，常常会教导孩子大气热情；温和善良的父母，常常会培养出善良有爱的孩子。"所以要让孩子在家庭的温暖和慈爱中享受关怀，接受教育，学习真、善、美，这样才可以培养出真正拥有善良的孩子。

作为父母，教给孩子比知识更重要的，应该是怀着一颗善良、感恩的心，是健全的人格的培养，是适应这个世界并能与之和谐相处的能力，是跌倒了再爬起来的勇气。这才是父母必须教会孩子，并能留给孩子的最宝贵的财富。

二、教育贴士

1. 用心引导，向善而育，向着真、善、美的天性去教孩子

真正的人性养育是在家庭中，家长用心引导的真、善、美教育，重点应从养护孩子的心开始，然后才能从他/她的德入手。家庭教育是否到位、是否有效，跟父母的学识、地位、经历没有太大的关系。如果父母做到用心引导，向善而育，向着真、善、美的天性去教孩子，这就是遵循了孩子的生长发展规律。遵循规律的家庭教育，一定是到位的，向着真、善、美的天性去教孩子一定是有效的。

2. 用心引导，向善而育，让父母成为孩子最好的表率

我们始终要相信父母是孩子终身的、最重要的老师，父母的修养决定孩子的教养。父母一直陪伴在孩子的身边，家长的一言一行潜移默化地影响着孩子，所以父母对孩子的影响，比学校教育的影响更大。我们常说培养"人"不能仅靠教导，更关键在于影响。我们想影响孩子，想给孩子积

极的、正面的引导，只能提升自己的素质，给孩子做出最好的表率和榜样。作为家长，我们要努力在孩子内心种下一颗善良的种子，然后用心浇灌，让善良的种子生根发芽。

三、亲子互动

“四书”之首《大学》中曾说：“古之欲明明德于天下者，先治其国；欲治其国者，先齐其家；欲齐其家者，先修其身。”要管理好家庭、教育好子女，关键在修身。由此可见，父母的言传身教对孩子的影响有多重要。那我们家长可以从哪些方面入手呢？

1. 从小培养善良品格

想要培养孩子的善良品格，必须在孩子小的时候就教育孩子，因为孩子长到一定的年纪性格比较难改。我们可以从点滴做起，培养孩子的爱心，培养孩子善良。首先要培养孩子心中有爱，因为爱最能体现善良。一方面要传授孩子爱的方法，就是如何去爱人。文学家高尔基曾经用通俗的语言说出了一个深刻的道理：爱孩子，这是连母鸡也会的事情，关键是怎样去爱。对孩子娇宠放纵，从来没有好结果。其次，与其对孩子在物质上关怀备至，不如从精神上体贴入微。得到理解、关怀和尊重（不是迁就）的人，才会用同理心和同样的感情去对待别人。再次，对于独生子女家庭，可以让独生子女在大家庭里探望病人，定期看望长辈，与邻居和睦相处等。善良在生活的点滴中体现，让孩子看在眼里，体会在心中。此外，二胎家庭越来越多，父母可进行潜移默化的教育，让他们先从爱护自己的弟弟妹妹、学着帮助照顾弟弟妹妹开始。

2. 教育孩子孝敬父母

想要培养孩子善良的品格，应该让孩子懂得孝敬自己的父母和祖辈。孩子们只有学会了孝敬父母和祖辈，才能够学会去爱他人。父母要言传身教，在孩子面前做好尊敬、孝敬父母的表率。

3. 父母要做个好榜样

孩子们都喜欢模仿父母的行为，想要孩子善良，父母必须要给孩子树立好的榜样。只有父母自己有善举，才可能让孩子们看到善举、体会善良之心。父母认同爱心、善心、同情心的重要性，时时刻刻用爱心、善心和同情心来面对生活的方方面面，就会给孩子正面的榜样和示范，进而影响并催生孩子的爱心、善心和同情心。为此，在家庭生活中，父母平时要多说正面的、积极的话，在日常生活中也要表达出自己与人为善的一面，你对孩子是什么要求，自己首先应该做到，努力做到存爱心，说好话，做善事。

4. 奖励孩子的善举

孩子们都是喜欢夸奖的，所以如果孩子们做了好事，做了善事，或者是有心善的想法，那么父母就该对孩子给予适当的奖励。奖励可以是言语上的，也可以是物质上的，精神鼓励为主，物质奖励为辅。如果仅仅是物质上的奖励，就会让孩子们形成“假善”。奖励时要和孩子说明原因，让孩子知道什么样的行为是正确的，会得到表扬和肯定，也就是正强化孩子的正确行为。

四、案例分享

某天下午放学，小王在校门口一看到自己的爷爷，就把书包拿下来往爷爷手里一扔，然后抢过爷爷手里一个装着点心的小盒子，开始吃起来。他吃了一片水果，然后皱着眉头对爷爷说：“怎么那么酸，一点都不好吃。我不吃了！”然后把盒子往爷爷手里一塞，头也不回地往前走了。爷爷背着他的书包，手里拿着点心盒子，默默地摇了摇头、叹了口气紧跟在孩子身后。爷爷还提醒小王：“你走慢一点，前面要过马路了。”可是小王却头也不回，径直往前走。而这一切，正好给班主任老师看到。

第二天放学的时候，班主任老师特地再一次留意了小王对爷爷的态度。一看见爷爷，他又把书包往爷爷怀里一扔，拿着点心盒自顾自地吃了起来。然后，小王冲爷爷大发雷霆："怎么又是这个？昨天我说了不好吃！我不要吃了！"爷爷在一旁不停地说："是爷爷不好，爷爷忘记了。明天换一个好吃的给你。"见小王还是不依不饶，班主任老师走了过去："小王，怎么了？放学了还不回家呀？舍不得老师和同学吗？"小王爷爷看见班主任老师，有点不好意思，连忙说道："老师，我们马上就走了。""爷爷辛苦了。"老师摸摸小王的头，对小王说："早点和爷爷回去吧。和爷爷说话要客客气气的，爷爷是长辈呀。"

当天晚上，班主任老师和小王妈妈沟通，了解到小王在家里和老人说话态度也不太好，有时候要爷爷奶奶帮忙，也不称呼爷爷奶奶，直接"喂喂，你帮我拿东西"，也不会用言语或行动表达对爷爷奶奶的感谢，觉得理所应当。妈妈说她在家也经常教育小王要对长辈有礼貌，可是收效甚微。于是，班主任老师决定有机会找孩子聊一聊。

一天课后，班主任老师在和孩子们闲聊中，问起了小王怎么对爷爷态度那么不好，小王不以为然地说："爸爸也是这么和爷爷奶奶说话的。他也从来不对爷爷奶奶说谢谢的。""那你在学校的时候，老师同学帮助你，你为什么会说谢谢呢？"老师问他。他看着老师说："因为我帮助了老师和同学，大家会谢谢我。所以我得到帮助也要谢谢大家的。""对呀。得到别人帮助以后你会感谢别人，多懂事呀。那在家里爷爷奶奶帮助了你，你也要表示感谢的。虽然是家人，他们也没有义务一定要帮助你，对吧？不论在哪里，得到谁的帮助，都要表示感谢。"小王点点头。"每天爷爷来接你，还给你带水果点心，帮你背书包。他年纪也大了，很辛苦，你说该怎么做呢？你是聪明懂事的孩子，今天看你表现。"老师对着小王做了一个加油的动作，鼓励他。

放学时，班主任老师看见小王没有把书包扔给爷爷，想自己背着，可是爷爷怕书包太重，执意要背在自己身上。小王对着爷爷说了声“谢谢”。爷爷的表情有点喜出望外。爷爷给他的点心盒，他打开后，拿起一块点心本想先塞进自己嘴里，转念一想先放到了爷爷嘴里，祖孙两个笑眯眯地你一口我一口吃着点心，其乐融融。

晚上，班主任老师和小王妈妈联系的时候表扬了小王今天的表现。妈妈也说回家后爷爷很高兴，说孩子懂事了。老师和妈妈交流了与孩子的聊天情况，提出希望在家里，父母要做孩子的表率。为人父母者，一定要重视自己的言行举止，因为这切实关乎孩子的成长教育。教育孩子不能只是说教或者是言行不一。所以父母在家也要多提醒自己尊敬长辈，对长辈有礼貌。小王妈妈也表示会和爸爸做好孩子的表率，先改变自己对父母的态度，尊敬父母。

五、良方提示

父母的言传身教是用自己的实际行动对子女进行直接影响的一种教育方式，是家庭教育中的最重要、最经常的一种教育形式。不管家长们有意识还是不无意识地，他们自身的行为都起着一定的教育作用。

所以与孩子相处应该时时提醒自己：

从此刻起，说好话。我要多鼓励、赞美孩子，而不是批评、指责、埋怨孩子。因为我知道只有鼓励和赞美才能带给孩子自信和力量，批评、指责、埋怨只是在发泄我的情绪，伤害孩子的心灵。

从此刻起，做好事。我要用行动去影响孩子，而不是用言语去说教孩子。因为我知道孩子的行为不是被教导而成，而是被影响和模仿而成。

从此刻起，多倾听。我要多聆听孩子的心声，而不是急于评判孩子，因为我知道聆听才是最好的沟通。

从此刻起，多爱他（她）。我要无条件地去爱孩子本来的样子，而不是去爱我要求的样子，因为我知道那是我的自私和自我。

从此刻起，多亲近。我要学会蹲下来与孩子平等沟通，而不是居高临下地指挥孩子，因为我知道强制打压只会带来孩子更强烈的叛逆和反抗。

从此刻起，多陪伴。我要用心去陪伴孩子，而不是心不在焉地敷衍孩子，因为我知道只有真正的陪伴才能让孩子感受到爱的温暖。

从此刻起，我要成为孩子生命中最好的朋友、最亲密的伙伴、最慈爱的爸爸妈妈！虽然还会有很多困难，但是我想我们用心（爱）去做，一定会成为更好的自己，成为更好的父母。让我们一同努力！

（陈珏华）

第二部分　礼（循规律）

目标：帮助家长了解孩子的成长规律，遵循正确的教育规律，提高家庭教育成效。

内容：

1. 家庭教育的期望与定位
2. 家长的陪伴是孩子成长的力量
3. 家长是孩子最好的榜样
4. 良好学习习惯的培养最重要
5. 劳动教育从小抓起

1. 家庭教育的期望与定位

“望子成龙、望女成凤”是每一位父母的最大心愿。从孩子呱呱坠地那一刻起，许许多多家长就对孩子寄予极高的期望，乐器、绘画、舞蹈、游泳……学习各种才艺，希望孩子样样精通；语文、数学、英语……各种教辅买起来，盼望孩子各门功课名列前茅。不可否认，父母的厚望有时可以化为孩子奋发向上的动力，但不考虑实际情况的过高期望，则会成为孩子巨大的压力，孩子经过努力仍然达不到父母的期望，就会产生挫败感、失去自信心。如果家长不断地责备和说教，就会让孩子产生厌烦、叛逆等心理。因此，家长要保持一颗平常心，接受孩子是一个普通人，家长要提出恰当的期待和合理的要求，激发孩子学习的动力，提高信心，帮助孩子德智体美劳全面发展。

一、教育要点

【尊重孩子身心发展的规律，家庭教育的期望与定位要准确】

期望自己的孩子将来是一个优秀的人才并成为社会的栋梁，是所有家长的共同心愿，关键的问题是怎样望子成龙、望女成凤。有的家长把望子成龙、望女成凤变成“令子成龙、逼女成凤”。望子成才的前提应该是尊重孩子，在此前提下，再对孩子扬长补短加以引导、劝说、帮助、鼓励、监督，这才是应当采取的正确态度。如果家长不顾孩子发展的可能和条件，不合理不科学地瞎指挥，把自己的主观愿望超越现实可能并强加于孩子，让孩子完全按照自己的指令去做，颇似皇帝下圣旨，家长说了办就得办，办不好就斥责教训。

由于孩子还小，没有反抗能力、尽管心里不那么乐意，表面上也不敢不顺从，虽然孩子会发点小脾气，但真正能反抗父母的安排是不大容易做到的。于是就造成了一种假象，好像家长的“战略部署”一条一条实现得很顺利。家长喜在心头，认为自己的家庭教育和未来的期望计划一定能实现，殊不知孩子已经反感透了，而且正聚集着反抗的力量，年龄稍大一点就可能出现“儿大不由娘”的现象，公然与家长冲突、顶撞，以至于远离并排斥父母的管教。为此，家长们应学点心理学、教育学的基础知识，了解自己孩子的年龄和心理特点，不能盲目地拔高家庭教育的期望值。

二、教育贴士

家庭教育、学校教育和社会教育虽然有互通性、相容性，但它们必须各司其职，不能边界不清。家庭教育的期望与定位要准确，家长就要学会尊重自然规律，尊重孩子身心发展的规律，然后施以有效教育。

1. 充分认识家庭教育期望与定位的重要性

家长对孩子的期望值如果超过了社会需要和孩子身心发展的内在规律，就会严重影响孩子的性格、社会适应能力的发展及身心健康。在高期望值的驱使下，家长评价孩子好坏的标准会严重失衡，认为学习好就是好孩子，就什么都好。在这种心态驱使下，孩子只要学习好，要什么给什么，极端娇宠，并且盲目给孩子开“小灶”，认为玩就是浪费时间，因而给孩子出很多题或是上许多门网课，这远远超过了孩子的承受能力，不利于孩子的健康成长。例如，某地有个五年级的小男孩，平时功课是很不错的，但在家长高期望值的驱使下，心理压力过大，总认为自己不够聪明，怕考不上重点中学，终日惶惶不安，极度紧张，后来造成厌学的极端后果。造成这种悲剧的根源是家长，当然最后吞食这个恶果的也是家长。

2. 家长要学会与孩子换位思考

对孩子的期望要实事求是，因势利导，要设身处地为孩子排忧解难，而不要硬逼孩子，不要无休止地对孩子要求这个那个，不切实际地急于求成。

有一位父亲，他曾经和孩子试着换个角色，让孩子当父亲，父亲做孩子。孩子就向父亲提问题：“人家挣一千元，你怎么挣八百元呢?人家住三居室，你怎么住筒子楼呢?人家有高级职称，你怎么还是助理呢?”这位父亲虽然很有涵养，但还是受不了孩子这样的提问而大发雷霆。他先是认为儿子怎么能不看实际情况一味地要求自己挣大钱、住好房、有高级职称呢?后来联想到自己平时对孩子的苛求也是一样，由此悟出道理——对孩子的要求应合情合理，要实事求是。拔苗助长的教育只会事与愿违。当父母无休止地对孩子抱有过高期望时，孩子就必然产生反感，随着这种反感的积累，出现各种问题也就成为一种对父母高压的自然反应了。

3. 家长要善于鼓励孩子的进步

要求尽善尽美的父母，通常是期望太多，批评太多，总是挑毛病。当父母在孩子身上寄予很高的期望，同时又不断地指出孩子的不足之处时，实际上是在使孩子失去勇气，在降低孩子的自信心。这些父母过于苛责和习惯越权的原因，在于家长认为孩子还小，需要严格管教，导致无视、忽视、漠视孩子的权利，这与孩子作为一个生命个体的成长是不相匹配的。相反，如果父母时刻注意到孩子的每一点进步，并及时加以鼓励，就会使孩子充满活力，这应当引起父母的足够重视。

4. 家长要善于激发孩子内在的发展动机

如果父母要使期望成为现实，就必须让孩子把期望化为自身的内在发展动力。如今的孩子，大都生来就享受着众多成人给予的关爱。在这样的生存空间里，孩子不知不觉地养成了一种被动的习惯，习惯于等待外来的指令与安排，而真正源于内心的需求与动机则相当缺乏，从而导致积极性与创造力水平低下，有时处理不好甚至还会产生逆反心理。这样的期望，能对孩子产生积极作用吗？

5. 根据孩子的发展可能来确定恰当的期望值

家长们必须承认，由于每一个家庭生活和受教育条件不同，每一个孩子生理、心理的发展水平也是不均衡的，因而家长和孩子的自身努力也是有限的。若家长不承认客观条件的差异性，不承认主观能动性的有限性，而是一味地苛求孩子，这对孩子的进步和身心健康都将是有害的。因此，家长在确定对孩子的期望值时，一定要考虑自己孩子的实际水平，绝不要和别人的孩子随意攀比。如果期望值高于孩子的实际水平，不但会给孩子造成沉重的学习和精神负担，使其丧失学习的兴趣，厌倦学习，而且还会剥夺孩子本应有的生活乐趣，使其长期处于超负荷的生活状态，影响其身心发育，损害健康。可是如果期望值过低，也不利于孩子的发展和进步。因此，家长应根据老师的建议，必要时征求心理专家的意见，并合理倾听孩子的要求，实事求是地确定恰当的期望值。

三、亲子互动

1. 承认差异，发现孩子的潜力所在

不少家长喜欢攀比，总对孩子说“别人家的孩子怎么那么聪明？”“人家第一名，你呢？”一味攀比的家庭教育，就会让孩子慢慢形成“我比别人笨”的心理定势，甚至产生“爸妈喜欢别人”的抵触情绪。因此，家长不要互相攀比，要以自己孩子的实际情况为基础。孩子现在能跳 1.2 米，那 1.3 米就是比较合适的目标，千万不要因为别的孩子都能跳 1.5 米了，就要求自己的孩子一定也要跳那么高。

每一个孩子都是独一无二的，家长要承认差异，善于发现自己孩子的特点和长处，了解自己的孩子在什么方面更有潜力，更有优势。不要

只是为了自己的面子逼着孩子读书，在压力下读书，孩子怎么能读得好呢？

2. 别把孩子当成装知识的“米袋子”

到底怎么样才能达成现代父母的教育期望？是不是只有考 100 分才是好孩子？如果孩子为人善良，动手能力强，常爱提问题，那是不是好孩子？家长要寻找、激发孩子的优势项目，在孩子发展的可能性上下功夫，在素养发展上下功夫。

其实，家长要想明白，你是要培养一个装知识的“米袋子”，还是要培养一个完整的身心健康的人？或者说，你希望自己的孩子是知识型的还是智慧型的？如果要培养智慧型的孩子，就少一些灌输，多一些鼓励，让孩子多问几个为什么。对孩子的问题千万不要回避，甚至孩子不问，你还要启发他/她问，与其让孩子提早认识 ABCD，不如让他们多问几个为什么。

3. 让孩子获得必要的成就感

家长在孩子的学习上不要大包大揽，但在培养孩子自信、自强、自立等方面要有意识地作为。莫言为什么喜欢写作？他自己回忆说，就因为小学三年级的语文老师很喜欢他，把他的文章当作范文读了出来，从此以后就喜欢上了语文写作。很多有所成就的专家学者，都有过类似的经历。这给我们一个启示：对小孩子要多鼓励，要给他/她成功的体验，培养孩子的成就感。有了成就感孩子才会有兴趣。

4. 要为孩子解决具体的问题

家长对孩子只有鼓励也不够，在孩子遇到困难时，如果家长只是在旁边说“我相信你”“你一定可以的”，意义是不大的，家长要帮助孩子解决一些具体问题。比如，有的孩子刚进小学时做数学口算题比较困难，家长可以借鉴体育训练中的“分解动作”的做法。40 道题目，孩子一下子做不完，家长可以把题目分成 8 组，每组 5 道题，做完一组再做一组。还可以用“限题计时”提高效率，譬如将每做对 5 题的时间记录比较，或者用“限时计数”的办法，给孩子 10 分钟看其做对几道题。这个方法同样适用于抄写词语、默写等作业，把一个个比较困难的大任务分解成若干个小任务。家长帮助孩子解决具体的学习问题，化难为易，化繁为简，是引导孩子克服畏难情绪、体验成功、提升自信心和兴趣的有效方法。

四、案例分享

某电视剧中有一个完美型的妈妈。她充满了焦虑，对女儿的要求几近严苛——封闭式学习，不允许发展自己的兴趣爱好，考试必须名列前茅……压抑的女孩内心痛苦不堪。最终，她对妈妈吼出了“我恨你”三个字，甚至崩溃到要跳海自杀。

高期待下的父爱和母爱是沉重的，终将成为伤害亲子关系的利刃。在竞争日益激烈的社会，如何让孩子不落后于人？为人父母，我们该怎么做才能为孩子创造一个美好的未来？今天不对孩子严格，今后会不会后悔？这样的想法非常正常，也完全可以理解。但执念过甚往往会引发悲剧。当我们要求孩子事事完美时，是否想过自己可曾十全十美？当我们以爱之名处处苛责孩子时，是否顾及到了他们的情绪和感受？

很多家长不考虑孩子的综合实力和志趣爱好，盲目地要求孩子去实现对他们来说很难达到的“高指标”，那家长这些过高期望是什么原因造成的呢？

原因一：很多家庭将所有希望都寄托在家中的“独苗”身上，对孩子投入全部精力，倾注全部感情，如果孩子表现不良，就会造成父母的焦虑、不安、紧张，所有人都承受着巨大的精神压力。所以，家长对孩子的过高期望，会给孩子造成过大的压力。

原因二：父母为了补偿自己未了的心愿，把自己的梦想嫁接到孩子身上，期待儿女为自己实现，美其名曰“都是为了你好”。教育孩子不是从实际出发，而是带着莫名的补偿心理。这是一个很多家长没有意识到的问题，而且正在以这些无意识的言语表现出来：“我小时候没有好好读书，你现在有这么好的机会，却不好好学，对得起我吗?”“妈妈这辈子就指望你了!”

原因三：父母在精心照料好孩子生活、学习方面的投入过多，耗费的精力过多，自己牺牲过多，无形之中有了回报思想，就产生了对孩子的心理依赖，所以才会抱有过高的期望。心理依赖越深，期望值越高。

父母过高的期望不但不能催生天才，还可能会摧毁天才，每一位父母需要耐下性子，让孩子按照应有的发展速度茁壮成长，未来必定会长成其想要成为的样子。

五、良方提示

1. 和孩子谈论未来的目标

每个孩子都会对自己的未来充满憧憬，家长不妨让孩子充分表达他们对将来的期望，和孩子一起讨论，看看要实现自己的理想需要具备哪些条件和知识储备。

2. 营造良好的学习环境

孩子的学习环境，既有物理环境，也有心理环境。家长不仅要创造一个温馨的、规律的家庭学习和生活环境，还要和孩子建立平等、和谐的亲子沟通习惯。营造良好的学习环境，家长不要总是说教、指挥，要学会倾听孩子的心声，定期主动和孩子交流，经常和孩子一起读书看报，讨论分享。

3. 抓住机会放大孩子的闪光点

当孩子在某个阶段取得一些成绩或者进步的时候，父母要善于发现，哪怕是孩子偶然间表现出来的闪光点，父母也要把握时机给予肯定和激励。智慧的父母一定会及时发现孩子的闪光点并且不吝啬去赞美，让孩子知道家长一直关注自己成长的点点滴滴，对自己的进步都看在眼里，从中孩子也会获得很大的鼓舞。

做父母是一项技术含量非常高的“工作”，人生不是加减乘除列算式，孩子的健康成长归因于家庭教育、学校教育、社会教育和自我教育的协同一致。家长们不要对孩子的发展计算得太细、太多、太深，不要将孩子的成长路径和发展的可能预设得严丝合缝、过于清晰，无论顺境、逆境，都可以看作孩子成长的课程。

（李　颖）

2. 家长的陪伴是孩子成长的力量

大多数家庭都是独生子女的当下，孩子的金贵导致了家人们越发的宠爱和溺爱，也使不少孩子渐渐形成狂妄自大、唯我独尊、凡事以自我为中心的心理。这样的孩子，在家如同一个“小皇帝”“小公主”，全家人都围着他/她转，渐渐地，孩子只会接受爱，不懂给予父母爱，更不能体会到分享的快乐。许多孩子动不动就爱发脾气，究其原因，一是这样的孩子常常独处较多，伙伴较少，因此在集体或群体中遇到了问题不知道怎样解决，就时常发生吵闹。二是这些孩子很有自己的主见，不愿意人云亦云、盲目跟从，遇到问题或发生矛盾就爱发脾气。三是有的孩子由于家长工作繁忙或者不愿过多围着孩子转，孩子的家庭教育和生活陪伴时常缺位，孩子缺少陪伴和指导，导致孩子遇到困难时不知所措，无法解决问题、困难、矛盾，只能通过发脾气来宣泄心中的不满。

作为父母，应该积极行动起来，努力培养孩子良好的行为习惯和心理品质，以身作则为孩子树立良好的榜样，增强孩子化解各种消极因素影响的能力，落实家庭教育的责任，陪伴孩子健康成长。

一、教育要点

【家长的陪伴，是对孩子最好的教育】

社会各界重视并关注家庭教育的人士，都认同这样的一句至理名言：优秀的孩子，都是父母“陪”出来的。陪伴是对孩子最好的教育，教育不过是以不同的方式来陪伴，因为父母的陪伴，深刻地影响着孩子的未来。

父母是孩子天然的老师，父母对孩子的影响，不在于买了多少东西、花了多少钱，而在于是否将爱和陪伴落实到陪孩子读书、陪孩子聊天、陪孩子运动等日常细节里。这些看似无足轻重的小事，往往孕育着最伟大的家庭教育。用心陪伴的亲子时光，就是伟大的教育力量，会成为孩子内心强大的根源，托起他们人生的路，从而促成孩子的健康发展。

二、教育贴士

孩子的成长过程是一个敏感的接收信息、过滤信息、消化信息的过程。孩子时时刻刻接受着来自家庭、学校、社会等方面的信息，而这其中，家庭和家长给予的信息和作用是至关重要的。俗话说，什么样的家庭就会有什么样的家庭文化，什么样的家长，就会培养出什么样的孩子。孩子们各自不一样的背后，就折射出家庭和家长的不一样。

家长在陪伴孩子的过程中，需要和孩子交流，需要真正地去倾听孩子的心声，需要改变自己的思维定式去理解孩子，用正确的价值观去判断孩子行为背后的价值。家长在陪伴孩子的过程中，要顺应孩子的天性而给予教育，陪伴孩子的成长就像是培育一棵树，需要给孩子细致、稳定、从容的爱，这就要求家长在和自己孩子的相处中，正确客观地认识自己的孩子。家长尤其要培养孩子的社会规则意识，做好孩子成长的引路人。家长在陪伴孩子的过程中，要学会适度放手。孩子的成长需要历经风雨，只有陪伴孩子历经风雨才能培育孩子成为真的勇士，但孩子的成长需要一定的空间，需要自己去面对，因此需要家长适度放手。家长可以给孩子方向性的指导、合理的判断和建议、必要的帮助和支持、适时的安慰与鼓励，但绝不能大包大揽，越俎代庖。

三、亲子互动

每一位家长都应该了解、明确并践行“陪伴是对孩子最好的教育”

这一理念。《人民日报》曾对家长们提出了8个陪伴建议，这是我们每一位家长需要学习和借鉴的。

1. 陪孩子一起享受阅读的时光

家长通过跟孩子一起读书，培养孩子的读书兴趣和习惯；通过一起读书，增加亲子之间的情感交流；通过一起读书，共同讨论书中的故事情节，促进孩子的认知与情感的发展。

2. 陪孩子聊聊天，交换一个秘密

经常和孩子聊聊学习、生活中发生的事情，及时把握孩子校园生活中的问题，通过引导、启发和提供新方法，帮助孩子把学习、生活中的问题解决。

3. 陪孩子一起运动

陪伴孩子到户外去运动，通过运动展现父母的运动技能，增进亲子关系。通过陪伴孩子户外运动，帮助孩子学习、学会一项体育运动技能，提高意志品质和运动水平的同时，促进孩子的健康成长。

4. 陪孩子一起郊游和旅游

利用假期，陪伴孩子郊游和旅游，开阔孩子的眼界，了解祖国的大好河山，丰富书本知识以外的阅历。陪孩子一起郊游和旅游中，共同讨论出行方案、各种开支，培养孩子的生活管理能力。

5. 陪孩子一起做道菜

周末陪孩子一起制作美味佳肴。通过亲子之间的分工合作，从最简单的菜肴开始实践，逐步细分到买菜、洗菜、切菜、配菜、炒菜。亲子分工合作的快乐，进一步扩展到整理房间、洗碗擦桌，培养孩子生活自理能力。

6. 陪孩子一起立个家规

国有国法，家有家规，没有规矩不成方圆，家长要根据孩子的年龄

特点，和孩子一起立家规。无论是生活中、学习中，还是外出走亲访友中的规矩，家长要以身作则。要求孩子做到的规矩，家长自己先要做好，为孩子树立榜样就是最好的教育。

7. 陪孩子看望老人长辈

想要孩子有孝心，就要陪着孩子经常去看望老人长辈。通过带着孩子看望老人，让孩子耳闻目染父母是如何关心、关爱老人长辈的，父母看望老人长辈时关心关爱的话语、态度等，就是关爱家人、孝敬长辈的现场教育。

8. 陪孩子一起做个学年计划

让孩子知道，一年其实过得很快，一年中所要做的事情却是很多很多的，所以要有计划。一年可分 12 个月，也可分 4 个季度，家长可以陪孩子一起计划每个月要做到什么，做完什么，做好什么。计划的内容，可以是学业发展、生活习惯、兴趣爱好上的计划，也可以是各学科扬长补缺上的计划。计划就是行动指南，计划就是开车出行的导航仪，有了行动指南和导航仪，就有可能到达成功的彼岸。

四、案例分享

小金是个一年级的学生，刚进小学时，经常与同学发生争执，常常指责别人怎么怎么不好，甚至对老师的批评，他也以双手叉胸，翻翻白眼，嘴里说声“哼”来回应，因此，在班里常常听到他大声吼叫，吵不过就大声哭喊，还常常感到很委屈，总觉得别人对不起他。老师了解这种情况后与家长取得了联系。经过一番沟通交流后才知道，小金的父母平时工作十分繁忙，孩子大多数时间都是老人在负责，过分的溺爱导致了小金唯我独尊的性格。了解到孩子的情况后，小金的父母也十分意外自己的孩子在学校里的表现，于是将孩子接到身边，即使每天工作再忙也都抽出时间陪伴孩子，与孩子一起学习、看书、谈心、交流。

功夫不负有心人，小金父母在学校老师的辅导下，每天坚持陪孩子一起读书读报；每天睡觉前陪孩子聊聊天，交换各自的看法和想法，传授解决问题的办法；每个周末陪孩子一起运动，增进亲子关系；节假日和寒暑假陪孩子一起郊游和旅游，丰富书本知识以外的阅历；逢年过节父母还陪伴小金一起打扫家庭卫生，在做家务劳动时也时常让小金做小助手。小金父母还和孩子一起规划了学业和艺术兴趣爱好的发展，让小金也有了积极向上的发展动力。

五、良方提示

1. 精神支持的陪伴

家长有效的陪伴，最关键是在精神上给予孩子支持的力量。精神支持靠的是鼓励、欣赏和肯定。我们不要吝惜对孩子的鼓励、欣赏和肯定，要让孩子感受到他/她是你的骄傲，让他/她因此而充满自信、充满力量。

2. 适当助力的陪伴

在孩子成长的关键节点上，父母要给予孩子切实的帮助。父母是孩子的坚强后盾，更是促进孩子成长的最大助力，如果孩子遇到困难，父母不能适时适当地帮助孩子，那么孩子将是无助的。家长可以协助孩子做一些工作，但是这种协助不是包办代替，家长应该把握好其中的度。

3. 量力而行的陪伴

如果你没有充裕的时间和条件，那么你不必去攀比，要从自己条件出发，找到最为重要的并可促进孩子“扬长避短”的方面来花时间和精力，这也是明智和更好的有效陪伴。

4. 价值引领的陪伴

家庭教育的核心在于价值引领，父母要引导孩子树立正确的价值观。孩子在父母引导下所习得的价值认同、所经历的价值体验、所激发的价值情感、所承接的价值期许，将在孩子精神基因上留下深刻的印记，对孩子一生具有深远的影响。人生观、世界观、是非观、金钱观、幸福观等价值观念和做人标准、处世原则、生活方式、生活态度等基本态度，都应该在亲子陪伴和家庭教育中传导给孩子。

5. 共同成长的陪伴

陪伴的过程促进了孩子们的成长，但家长也一定在成长，家长的成长才能陪伴孩子成长。有的家长在孩子学习钢琴的过程中，自己也能弹几首曲子；有的家长在陪伴孩子学画画中陶冶了自己的审美情操；有的家长陪伴孩子阅读中也重新捡起孩子的书本，跟孩子一起学习文化课了。总之家长不能停步不前，成为孩子成长的观望者，而应该伴随着孩子一同成长。

家长们，陪伴孩子长大的过程，也是我们作为父母自我成长的过程，陪伴是对孩子最好的关爱，它使家庭关系变得更加温馨，也使家庭教育变得轻松、快乐、自然而然。让家长的陪伴成为孩子成长的力量吧！

（徐吟蕾）

3. 家长是孩子最好的榜样

每一个孩子都是独一无二的，不仅仅是父母独一无二的基因遗传，还是每一个家庭所塑造出来独一无二且无法复制的生命艺术品。从混沌初开的孩童，到学会用自己眼光看世界的成人，这个成长历程离不开父母的言传身教，投射出来的也是每一个父母的影子。为此，为人父母者要教育好自己的孩子，就必须以自身日常生活的言行举止来引导孩子，做好孩子的榜样。

一、教育要点

【言传身教做孩子的榜样】

小学阶段孩子正处在长知识、长身体的重要时期，尽管年龄小，分析问题能力差，但模仿能力强，可塑性大。良好的家庭环境对培养孩子起着十分重要的作用，好的教育环境一经形成，就有极强的“免疫力”，它不但能树立良好的家庭风气，抵制社会上不良风气的影响，而且反过来会把这种好的家风带到学校和社会上，推动时代前进。孩子与父母长期共处于同一个家庭，父母的一言一行，孩子都看在眼里，记在心上，并不断地通过观察和体验来模仿，所以家长一定要真正重视“身教重于言教”的道理。

家庭教育十分重要的一点，就是要以家长的榜样来引导孩子成长、成人、成才。套用“正本清源，正人先正己”来引申家庭教育，就是要从父母教育的源头上，从家庭教育的根本上开始，要求孩子做到的事情就必须自己先做到。家长以自身的言行示范为榜样，引领孩子前行的脚步，为孩子的学习成长指引方向，家庭教育归根结底就是努力正己育人、深刻践行“三人行必有吾师”的价值观与教育路径。

二、教育贴士

对孩子的教育是父母实施家庭教育的主要职能，家庭教育是家庭生活的重要内容，是家庭生活中由家长对其子女实施的教育和影响。从孩子出生的那一天起，家长就担负着子女的教育任务，只要家庭存在，就必须行使这种家庭教育的职能。因此，家庭教育是一种永恒的现象，家庭教育的对象是子女，如何把自己的孩子培养成为有用之人，是每一个家长最关心的问题，也是整个社会最关心的问题。任何事情的发展都离不开主观和客观两方面条件，孩子的成长也是如此。从家庭教育的角度来分析，家长用心，孩子不用心，不成；孩子上进，家长不合格，也不成；只有当家长的良苦用心与孩子的个人努力有机结合，恰到好处，才能收到最佳的教育效果。

1. 家长的榜样，在于“打铁还需自身硬”

如果把家庭比作一台机器，那么它更像复印机。家长是印刷的原件，孩子则是那待印刷出来的复印件。如果期待得到“完美无瑕”的复印件，那么您最应该检查的就是原件是否符合您对“完美”的定义。孩子是天生通过模仿、借鉴学习的“专家”，他们自出生之日起就无时无刻、饶有兴趣地从“第一任老师”那里学习各种生活行为习惯，继承并发扬父母关于世界真、善、美、丑的认知。如果希望孩子能够出类拔萃，那么就必须明白一点：童年所养成的良好习惯决定着人生的未来。孩子成长中的习惯，包括饮食习惯、作息习惯、学习习惯、卫生习惯、语言习惯等等，都是在日常生活之中通过父母的言行示范所继承的习惯，这些习惯将影响孩子一生的成长。通常而言，没有严格要求和训练后形成的习惯，很多都是不良习惯；孩子良好的习惯一定是长辈、父母、老师等严格要求和训练后养成的。

2. 家长的榜样，在于“言传身教”

家庭教育是最古老的教育形式，是人生成长之中真正的启蒙教育，是开启成长智慧之门的第一把钥匙。世界上之所以没有两个完全相同的人，且每个人都各具特色，其根本原因就在于每个人出生在不同的家庭之中，接受到了不同父母的“言传身教”，家庭为每个个体染上了不同的颜色，为每个孩子烙上了民族习惯和文化信仰的印迹。家庭教育的核心是家长的“言传身教”，也就是传承和示范，家长用自己切身的生活实践指引孩子成长、进步。家庭教育的主轴是传承美德，核心内容是教导孩子融入社会生活的礼教、民族风俗习惯等，也就是教导孩子习得适应生活生产分工、协作的“规矩”。家庭教育给予孩子认知世界“真、善、美、丑”的过程，就是孩子成长、成人、成才最基础的家庭教育形式，贯穿于孩子生命的全过程。

3. 家长的榜样，在于“示范引导”

世界上最好的老师在哪里？对孩子而言，父母是世界上最早、最好的老师。父母是每个人成长历程中真正的启蒙老师，是无私陪伴着孩子并从不计较回报的老师，是唯一从物质给予到精神陪伴全方位提供帮助的老师。古人讲：“龙生龙、凤生凤，老鼠的儿子会打洞。”父母是唯一从生物基因的遗传到家道、家训、家规的文化素养传承并全方位影响孩子的老师。家庭教育中家长的榜样作用早就有迹可循，古有“孟母三迁”培养了一代大儒——孟轲，“曾子杀彘”告诉我们如何教育孩子言而有信、诚实待人。我们虽无法做到像孟母、曾参那样，但家长可窥探其中哲理，因为他们绝对为我们家长树立了榜样。

三、亲子互动

一位朋友曾当作笑料向我们讲述了他和儿子的一段对话。朋友说：“儿子，你这几天总玩游戏机，就不能控制一下自己，把精力用到学习上吗？”儿子回答说：“你还说我呢，爷爷经常告诉你不要在外面玩麻将，你怎么还总是整宿地玩呢?”这一下子弄得这位朋友说不出话来，可见，孩子们常常把自己的行为与父母相对照，甚至父母行为中的某些失当之处也往往会成为一些孩子开脱错误的“口实”。

日常生活中，家长应十分注意自身的言行举止，经常互相提示，互相交流，努力树立良好形象，给孩子以健康、积极的影响，在一点一滴的小事上给孩子以有益的影响。如：父母工作上应敬业、上进；待人上应热情、大方、真诚；处事上应一视同仁、言行一致。另外，家长应注意杜绝各种在孩子面前“不宜”的行为。比如：不过多地在孩子面前议论他人的长短，不过多谈论、争论金钱问题，以防带来一些负面效应。

有人说：子女是父母的折光镜。在孩子身上可以折射出父母为人处事的哲学和做人的准则。一个自私自利的家长很难培养出一个甘于奉献的孩子，一个心胸狭窄的父母也很难培养出一个宽宏大量的子女，父母对子女的示范应体现在日常生活中的时时处处、点点滴滴。托尔斯泰有句名言：“全部教育，或者说千分之九百九十九的教育都归结到榜样上，归结到父母自己生活的端正和完善上。”这便是家长与孩子每天生活中必须牢牢记住的一点，看似每天无意的、无时无刻的亲子互动，其实对完善孩子的人格起到至关重要的作用。

四、案例分享

心理学家班杜拉和他的助手们进行了“榜样对孩子影响”的一系列的实验。在一个典型的观察和学习实验中，班杜拉研究了现实中、电影和卡通中成人榜样的攻击行为对儿童行为的影响，发现这三种成人榜样也都会导致儿童模仿这种攻击行为。

另一项实验是把儿童分成两组，其中一组对榜样的攻击行为进行了奖励，另一组对榜样的攻击行为进行了惩罚。结果是看到榜样受到奖励的那一组儿童，比看到榜样受到惩罚的另一组儿童，表现出更多的攻击性行为，也就是说对榜样进行了鼓励表扬，那么儿童对榜样的模仿性就更强了。

五、良方提示

由于各种思想、信息洪流的交汇、碰撞、诱惑和冲击，复杂纷纭的大千世界无疑对孩子的健康成长产生许多不可预见的负面影响。因为如今的孩子，在生活中的表现是多种多样的，有的孩子缺乏对外交流，难以沟通，唯我独尊，为所欲为；有的孩子出现了“怪癖”；有的出现心理偏差，成为“问题孩子”；有的沉迷于网络而不能自拔等，这些表现无一不让家长感到束手无策，并充满这样或那样的无奈与无助。为了增强孩子抵御社会各种消极因素影响的能力，加强对孩子的正面教育和培养，作为父母应该积极行动起来，努力成为孩子的榜样，这具有十分重要的现实意义。

1. 必须重视父母的榜样作用

有人说：家庭是人生的第一课堂，父母是人生的第一任教师，也有人说：家庭是孩子的一面旗帜，父母是孩子的一面镜子，总之，父母是对孩子影响最先、最深的人，是孩子模仿最早、最多的形象。家长的一言一行、一举一动，都对孩子有着潜移默化的影响。

2. 必须重视家长的自我教育

自古以来，社会对父母教育和父母的自我革新等基本上是忽视的。其实，一般家庭生活中，母亲都偏重于“养”而少于“教”。大教育家福禄贝尔曾说：“国民的命运，与其说是操纵在掌权者手中，倒不如说是握在母亲的手中，因此，我们必须努力启发母亲——

人类的教育者。”一个乐观向上的母亲，带给孩子的是积极美好的影响，而一个整日陷于忧郁情绪之中的母亲，给孩子带来的是消极影响。成功的孩子几乎都有一位优秀的母亲给予其优秀的教育。母亲教育是任何教育所不能代替的，忽视母亲教育，我们的一切教育都将成为无本之木。

3. 必须重视孩子的“离心”倾向

随着孩子逐渐进入青春期，由于生理的日渐成熟和视野的拓宽，自主意识逐渐形成，童年时代的温顺可爱已不复存在。这时，孩子们对人生和社会开始形成自己的认识，萌生了世界观中的“自我”价值，与父母的主观臆断、传统家教往往发生碰撞，出现冲突。父母对孩子的这种“距离感”和“离心”倾向，必须给予充分的理解，同时进行积极的协调和正确引导。既要尊重孩子的这种独立意识，充分信任他们能把握好自己的行为，又应积极主动与孩子沟通，创造与之交流谈心的良好氛围，让他们在和谐的气氛中自觉流露出心中秘密。遇事一定要有冷静的头脑，允许孩子有自己的一块生活空间，注意把握这一阶段孩子的心理变化，采取正确的处理方法，让家庭始终洋溢着宽松、民主的气氛。

4. 必须重视家庭教育的一致性

家庭教育中阴盛阳衰的“一头沉”现象愈见严重，这对孩子的健康发展是十分不利的，一些孩子性格上的某些缺陷，与此有直接关系。所以，父母双方都要增强责任感，应共同承担教育子女的义务。

家庭教育中，母亲具有十分特殊的重要的作用，但绝不能因此而把教育子女的责任全部推给母亲，孩子同样需要父亲的教育。“养不教，父之过”启示我们，父亲这一角色在家庭生活中具有举足轻重的作用。在对孩子的培养教育上，夫妻双方应在认识和行动上保持高度一致。在培养孩子的思路和具体做法上，夫妻应及时沟通达成共识：当批评孩子时，双方应态度一致，不应该一方讲原则，严格管教，另一方则纵容溺爱；在承担教育孩子的义务和责任上，双方不应互相推诿，而应尽己所能给予孩子以最大的帮助，不存在以谁为主的问题。夫妻双方还应十分注意，避免在孩子面前无休止地争论，尤其是事关孩子的是非争论。父母双方一定要增强教育孩子的责任感，共同承担教育孩子的任务，主动走进孩子的心中，让孩子在父母的双重教育下健康成长。

（严裔翔　陈　雯）

4. 良好学习习惯的培养最重要

教育家陶行知说："教育就是培养习惯。"关鸿羽教授在《教育就是培养习惯》中说道："孩子年龄小的时候就像一包熔化了的铁水，它可以浇铸成各种各样的形状，但等孩子长大了，就像冷却了的铁水变成一块铁砣子，再改变就困难了。"

小学阶段什么最重要？很多小学老师和教育家会告诉我们：小学阶段，养成良好的习惯是最重要的。小学阶段是培养习惯的最佳时机，错过了这个阶段，再想要培养就困难了。很多家长认识到了习惯养成的重要性，但是不知道怎么做，往往得到的结果不尽如人意，孩子也产生了逆反心理。

很多人都知道，孩子小的时候好管，大了就管不了了。所以，在孩子还小的时候，一定要多花点时间和耐心，把孩子人生的根基打牢，以后的路才能走得更顺畅。我们应该根据自己孩子的实际情况，去制定适合他们的计划。成人和成才，必定是成人在前，成才在后。

一、教育要点

【关注学习习惯比关注学习成绩重要】

小学低年级的时候，家长不必过分在意孩子的学习成绩，但是，必须在意孩子良好学习习惯的养成。小学阶段，培养孩子好习惯，比给他/她一座金山银山都重要。好习惯包括行为习惯、生活习惯、学习习惯、阅读习惯等。好习惯会伴随孩子们一生，坏习惯也会让他们在以后的学习、工作、生活中为之付出代价。有了好的学习习惯，以后初、高中的学习就会更顺利，反之，则事倍功半，学习上也将会遇到更多的困难。

“行为形成习惯，习惯决定品质，品质决定命运。”小学阶段是培养习惯的关键期，一、二年级又是最佳期。我国教育学鼻祖孔子对从小养成习惯的重要性也作了很好的解释：少成若天性，习惯成自然。良好的生活习惯、学习习惯、品行习惯是小学生良好习惯培养的重要内容。小学生行为习惯的养成并非一朝一夕，需要学校、家庭、社会的共同努力，在日常生活与教学工作当中对学生进行潜移默化的熏陶，引导学生养成良好的行为习惯。

二、教育贴士

习惯的力量是巨大的，人一旦养成一个习惯，就会不自觉地在这个轨道上运行，而养成良好的习惯则会让人终身受益。

专家研究表明，3—12岁是人形成良好行为习惯的关键期，12岁以后，孩子已逐渐形成许多习惯，新习惯要想扎根下来就困难多了。孩子学会学习，必须要培养良好的学习习惯，凡是学习成绩好而且稳定的孩子，都是从小培养形成了良好的学习习惯；而成绩忽好忽坏的孩子，往往缺乏良好的学习习惯。现在的一些家长非常看重学习成绩，千方百计地培养孩子外语、美术、音乐等多方面的能力，而忽视习惯的培养，这恐怕是我们现在一些家长最大的误区。

如何培养孩子的好习惯，关键在于了解孩子。任何教育都应以了解教育对象为前提。作为成熟的父母，应当善于与孩子沟通，知道孩子在想什么，在干什么。当孩子做出一些成人难以理解的事情时，父母不应该当即质问或训斥，而应平心静气地从孩子的角度出发思考一下：孩子为什么要这么做？往往经过这样的思考，父母就容易了解孩子，就能慢慢地帮助孩子养成良好的习惯。

三、亲子互动

家长需要培养孩子养成良好的学习好习惯，具体的互动内容如下：

1. 共同制定学习习惯的要求

家长和孩子共同交流有关好习惯的话题，比如要养成课前预习的习惯，做作业不分心的习惯，课后及时复习的习惯等等。进而引导孩子一起制定“良好学习习惯的行动指引”，用纸写下来并贴到随处可见的地方，比如贴在孩子做作业的桌子上，贴在面对桌椅的墙上。这样可以随时提醒家长和孩子。把“良好习惯”写下来，让孩子天天能看到，不停地提醒家长要培养孩子这些习惯，不断提醒孩子自觉执行“良好学习习惯的行动指引”。

2. 约法三章，改正孩子拖延的毛病

学习上的勤奋和刻苦是一种习惯，反之，懒惰和拖拉也是一种习惯，而截然不同的习惯也都是日积月累形成的。所以家长要和孩子约法三章，凡是准备在生活、学习上做的事情，就要果断去做。开一个好头后，家长要督促孩子咬牙坚持一段时间，只要能够坚持就能变成孩子永远的好习惯。为此，家长要做有心人，寻找出孩子懒惰和拖拉的点点滴滴，通过约法三章来改变坏习惯，养成好习惯。

3. 好习惯反复抓、抓反复、不松懈

对孩子良好学习习惯的养成，大家有一个达成共识的理论，那就是“只要坚持重复 21 天，就可以养成一个习惯”。所以培养孩子养成良好的学习习惯，前期的“反复抓”是最重要的，即便遇到困难，也一定要坚持“反复抓、抓反复”，千万不要松懈，抓一点是一点，绝不能“间歇性努力，随意性放弃”，以三分热度来培养孩子的良好学习习惯。

4. 不给孩子“做不到、做不好”找借口

当孩子在学习上出现问题时，父母不能让孩子找借口来搪塞，这对

巩固初步形成的良好学习习惯是极有帮助的。否则，如果孩子习惯了凡事做不到、做不了、做不好就给自己找借口来敷衍了事，其实就是对孩子的放纵，孩子就会养成不求上进的“习惯性”的坏毛病。父母要让孩子记住这样一句话：“不要为失败找借口，而要为成功找理由。”

四、案例分享

班上的小潘同学，入学前基本属于零基础。随着学习内容增多、学习进程加快，小潘同学的学业发展上出现了各种问题。班主任在和家长沟通的过程中了解到，小潘同学还没有建立起在家里的阅读习惯和课后复习习惯等。为此，班主任和家长对在家庭教育中培养小潘同学良好学习习惯达成一致，家长也认识到了培养习惯的重要性，决定每天回到家后抽出一段时间陪孩子一起朗读课文、督促孩子课后进行复习，培养他阅读的兴趣以及语文学习的能力。遇到不认识的字，家长鼓励小潘自己积极主动地运用字典查询；遇到无法理解的词句，家长鼓励孩子大胆提出疑问。一个学期下来，小潘的语文学业水平突飞猛进，上课也变得积极主动了起来。在他父母的影响下，小潘尝到了良好学习习惯的甜头，更加积极地发挥主观能动性去学习语文，同时他的好习惯也慢慢影响到了他在其他科目上的学习。第二学期结束，小潘的各学科素养提升迅速，学习也越来越进入状态。

小潘同学的学业进步提示我们：“授人以鱼不如授人以渔。”若是小潘父母只是一味“就学科知识而学习”被动回答小潘同学不会的问题，那小潘同学仅仅是接受了“补缺补差”知识，却没有在学习方法、学习态度、学习习惯上的提高，那就还会跟不上小学分科学习的课堂教学节奏，还是要陷入被动的学习当中。现在，小潘同学的父母在班主任的协同配合下，懂得了培养良好习惯的重要性并正确地教育引导孩子，小潘同学就能自己积极主动地去学习，通过自己的努力获得正反馈，从而激发更多的动力去学习更多的知识，使自己进入到“养成良好习惯—促进学习发展—获得成就感”的正循环当中。

五、良方提示

请家长们和孩子一起对照下面的指引和要求，反思家庭教育中有关良好学习习惯的培养与养成“做到了没有？做得怎样？”。

1. 在家里有固定的学习地方，并设定学习时间。
2. 课堂作业和课后作业认真完成，不马虎。
3. 在书桌前坐下开始学习前，清理与学习无关的玩具和用品。
4. 放学回家后马上完成预习、复习巩固等作业。
5. 每天完成作业后，备齐第二天上学的学习用品。
6. 爱护教科书和参考书，不出现书本撕得或画得乱七八糟的情况。
7. 空余时间能有计划地阅读儿童书籍。
8. 回家后愿意与爸爸妈妈沟通学校学过的知识。
9. 发回的试卷每次都给家长看。
10. 课堂上能积极提问或回答问题。
11. 对不明白的问题有查字典或查阅参考书的习惯。
12. 对自己学得不太好或不喜欢的科目也能努力学、不放弃。
13. 喜欢参加班里组织的各种文化娱乐活动等。
14. 在学习上能与同学互教互学，有竞争意识。
15. 在学校愿意和老师交流，班主任在教室与不在时，表现一样。
16. 每学期开始，主动制定新的学习计划，合理安排寒暑假生活。

真心希望家长能和孩子一起在日常生活中制定“良好学习习惯

的行动指引”，帮助孩子提高学习习惯的品质，巩固基础性的良好学习习惯，培养发展性的良好学习习惯，养成个性化的良好学习习惯。每一位家长，必须要抓住培养良好学习习惯的黄金期，重视孩子良好学习习惯培养，为孩子的茁壮成长打下坚实的发展基础。

（叶　琳）

5. 劳动教育从小抓起

随着我国改革开放带动经济社会的迅猛发展，当下学生家长不仅呈现出“高学历、高智商、高收入”的特征，而且普遍重视现代家庭教育。在这之中，许许多多的家长重视孩子的智力开发，从孩子上幼儿园时就开始识字、学算术；重视艺术素养的培养，带孩子上艺校的琴棋书画和舞蹈班。家长们毫不吝啬巨大的教育投入，千方百计地培养孩子增强知识、增长才艺，希望孩子能上最好的学校，将来能够出人头地。绝大多数的家长认为，只要孩子学习成绩好就行，至于家庭教育中的“劳育”，无人关心，孩子力所能及的简单家务劳动变成名正言顺的长辈代劳。随着家庭经济条件越来越好，有些家庭还雇用了保姆、钟点工来干家务活，就是为了能让孩子一心一意地学习。与此同时，绝大多数学生认为家务劳动是祖辈、父母和保姆的事情，家务劳动之事与自己无关。当下家庭教育缺乏对孩子家务劳动观念、意识、情感、技能和习惯的培养，造成了当下青少年学生全面发展中的一个“软肋”，孩子会产生惰性，终将远离“德智体美劳”五育并进的发展宗旨，必将脱离现代社会所需人才的实际要求。

家长望子成龙、望女成凤的心情是能理解的，但问题在于家长忽视了对孩子劳动观念、意识、情感、技能和习惯的培养，是促进孩子全面发展的家庭教育中的一种缺失，也是对孩子未来的不负责。从古至今，无论是人类的生存活动还是现代社会发展都离不开劳动，劳动作为传统美德，其中不仅包含了对于物质的生产以及日常生活的行为，还包含了许多文化的结晶，在人类的发展历程当中，不断得到讴歌和赞扬。为此，重视家务劳动教育不仅是对学生基本的生存能力的一种培养，而且对学生精神世界的丰富具有较强的现实意义。劳动既是人类前进的动力，也是社会发展的重要能源；劳动既是创造一切财富的必须，也是实现可持续发展社会的重要保障。家庭教育中，让孩子从小养成热爱劳动的习惯，就等于给孩子一件安身立命的基本法宝。

一、教育要点

【从小培养劳动意识、态度、习惯很重要】

倡导素质教育的当下，家长不仅重视知识的教育，还注重对孩子艺术、体育等兴趣爱好的培养，期盼孩子德智体美素养的全面发展。但是，从小培养孩子做些简单家务劳动的意识、态度和习惯也是十分重要的家庭教育内容，它能让孩子终身受益。看似简单的家务劳动，蕴含的是对孩子多种能力的培养；看似简单的家务劳动，其过程既需要动手，也需要动脑，还需要情感和意志品质的支撑。孩子通过家务劳动，能学会观察、思考、分析、判断、合作等多种能力。此外，通过劳动，能帮助孩子学会关爱他人。如今的孩子许多是独生子女，他们习惯了以自我为中心，无法站在他人角度思考问题，很难与人建立和谐长久的关系。而参与劳动后，他们会切实体会到劳动的辛苦，能体谅、关心父母，也会觉得自己是家庭中必不可少的一员，会有更强的家庭使命感，逐渐地能自觉为父母分担一些力所能及的劳动。

现代家庭教育中，广大家长如能更迭教育观念，树立起“劳动教育从小抓起”的教育观念，优化培养孩子家务劳动习惯的方法，按孩子的年龄特点，协同学校共同开展有效的家务劳动教育，就能激发孩子爱劳动的情感、树立乐于劳动的观念，就能让孩子在劳动中体会劳动艰辛、分享劳动喜悦、掌握劳动技能，养成劳动习惯，从而形成孩子健全的个性品质。

一般而言，劳动教育的价值体现在三个层面：一是思想意识和品德人格层面。学生通过劳动教育，能增强热爱和崇尚劳动的情感，能热爱和尊重劳动人民的情感，并树立正确的劳动观，甚至世界观、人生观、价值观。二是劳动技能和行为习惯层面。学生通过劳动教育，能掌握必备的生活技能和劳动技能，提高动手能力和实践经验，进一步养成劳动习惯，为以后生活和工作做准备。三是个体社会化层面。学生通过劳动教育，能更好地了解社会、走进社会、适应社会，学会关怀社会、尊重差异，为成为合格的社会人，以及为成为合格的中国公民和世界公民做准备。

二、教育贴士

前文也已提到，相关的研究表明：3—12 岁是人形成良好行为的关键期，因为这一时期人的可塑性很大，容易养成好习惯，即使有了不良习性，纠正也比较容易，所以好习惯要趁早培养。

“劳动使人聪明”，从小培养孩子的良好劳动习惯是十分重要的。劳动是孩子生活的需要，学会生活自理是他们生存的基本能力。家长在教育孩子培养良好的劳动习惯上要注意以下几点：

1. 自己的事情自己做，不能包办。比如：穿衣、铺床、洗袜子和整理自己房间等一些力所能及的劳动，一定要孩子自己完成。从小培养他们独立生活的能力，更能促进孩子独立性的形成和发展，使孩子及早摆脱对家长的过分依赖，成为一个独立的社会成员。

2. 不会做的事学着做，多鼓励少批评。若年龄小、能力弱的孩子怕困难、不愿尝试，家长要耐心地鼓励，一边做示范一边指导，和孩子一起做，以赞扬和鼓励为主。在孩子做事情的时候，家长要保持信任的态度，尽量不去干涉或阻止，要放手让孩子自由行动，然后再给孩子以鼓励，加以练习。要知道，自理能力是在实践的基础上培养起来的。同时也培养孩子独自解决问题的能力，使他们受益终身。

三、亲子互动

家长如何来培养孩子的劳动习惯呢?

1. 重视家庭生活中的劳动教育

通过讲故事、亲子阅读名人故事，让孩子知道：劳动是人类的第一需要，初步懂得“劳动能创造财富，劳动能创造世界”的道理。所谓“不劳动者不得食”，要让他们知道劳动在生活中的重要作用。并以“自己的事情自己做，不会做的事情学着做，家里的事情帮着做”为要求，使孩子意识到劳动是一种责任，每个人都必须劳动，让劳动创造价值、实现梦想的信念根植于孩子的内心。

2. 传授家庭生活中的劳动技能

劳动需要一定的技能，家长要教给孩子一些劳动的操作要领、方法及技巧。在训练劳动技能时，应做到三性：即父母的示范性、要求的层次性、孩子操作的独立性。先让孩子看家长怎么做，边示范边耐心细致地讲解操作要点和注意事项，然后手把手地教，让孩子在家长指导下练习，再逐渐放手让孩子独立操作，直到学会为止。只有掌握了劳动的技能，孩子才会愿意去做，渐渐地热爱劳动。

3. 给予孩子必要的赞美和鼓励

家长要珍惜孩子每次劳动的尝试，以鼓励表扬为主。孩子每做好一件事，应及时给予肯定和鼓励。如：给孩子一个微笑，拥抱一下或说声“谢谢”“干得不错”都可以使孩子感到高兴和自豪，体验劳动的愉快，激起再劳动的欲望。同时家长在孩子劳动过程中或是遇到困难的时候予以耐心的指导，或安慰孩子“没有关系，下次再练，你一定能行”，让孩子在劳动体验中感受到激励和信任。

4. 保持孩子家庭生活中的劳动习惯

当孩子掌握了一些劳动技能后，家长可给他们制定一周的家务劳动内容，每天固定一项家务让孩子作为任务来完成。孩子有明确的任务，在忙完作业后，就会认真去完成家长每天规定的家务事，例如扫地、洗碗、擦桌子等，这样逐步培养孩子热爱劳动的观念。同时家长也要一同列出应做的事情，不能让孩子感到父母只是在吩咐他们做家务。

另外，每月可进行一次家庭大扫除，家长和孩子共同合作来劳动，在劳动中边指导边强化劳动技能，让孩子与家长之间建立一种非常和谐的亲子关系，共同体验家庭的和睦氛围和劳动带来的快乐。

四、案例分享

过年期间，佳佳的爸爸妈妈忙于备菜，没有人打扫屋子，而佳佳却无所事事。佳佳父母希望他能担任起简单家务劳动的义务，通过谈话让他意识到劳动的重要性。于是，佳佳开始打扫自己的卧室，速度很快，但是角角落落却没有打扫干净。发现问题后，佳佳父母采取了一系列解决措施，并鼓励他能长期坚持劳动。

1. 重视劳动教育

佳佳父母下定决心找佳佳谈话，指出劳动是一种责任，是一种体验，它带来的收获是书本上学习不到的。没有劳动意识就会缺乏自理能力。将来佳佳终有一天会离开父母，这个时候就需要自理能力来独立地生活。

2. 发现问题

佳佳父母发现佳佳打扫得不仔细，角落里还存在很多灰尘需要重新清理。

3. 采取措施

（1）对于佳佳第一次自己打扫，佳佳父母给予了肯定，并从积极的角度安慰他：第一次打扫的结果并不重要，重要的是敢于进行尝试，如果能弯下腰，在灰尘较多的地方多清扫一遍，那么整个屋子就会让人看上去特别干净和舒适。

(2) 佳佳父母带着他一起再次打扫角落，传授一些能够较快清扫干净的小技巧，如针对多次也没有清扫掉的灰尘可以先洒水浸润，再用些力气“解决”它。

(3) 佳佳父母带着佳佳欣赏打扫完后的成果，给他适当的奖励，让他感受到干净的环境带来的舒适感，体验劳动之后的快乐，激起再劳动的欲望。

4. 鼓励长期劳动

佳佳父母与佳佳一起制定一个每周的家务劳动计划表，如果佳佳每周能主动劳动，可以打“√”；如果佳佳清扫得特别认真，也没有遗留下很多灰尘，可以打“☆”，给予他更多的奖励；如果佳佳忘记打扫，可以打“×”，进行一些“惩罚”，让他每周打扫两次或者做其他的家务活来弥补，从而养成良好的劳动习惯。

五、良方提示

1. 基于“问题”，达成家务劳动的共识

(1) 你愿意自己主动劳动吗？

(2) 你认为劳动的标准是什么？

(3) 你学会了哪些劳动技能？

(4) 你觉得劳动计划表内该制定哪些劳动项目呢？

(5) 你有信心完成计划表中的内容吗？

(6) 你会如何努力来完成劳动计划表呢？

(7) 在劳动的过程中会遇到哪些困难呢？

（8）你希望谁来帮助你一起解决困难呢？

（9）你愿意通过奖惩制度来督促你完成劳动吗？

（10）你希望通过哪些其他办法来培养你的劳动习惯呢？

（11）你觉得劳动给你带来了哪些收获？

（12）你愿意坚持劳动下去吗？

2. 制定计划，落实家务劳动的指南

（1）居家防疫：掌握防疫知识，增强防疫意识。学会口罩收纳及处理、消毒通风等防疫技能，监督家庭成员居家防疫。每日做到安全健康出行。

（2）卫生清理：熟练使用卫生工具，掌握不同区域清理的方法和清理顺序，做到饭后收拾并擦干净桌子、收拾地面。

（3）内务整理：提高个人内务整理能力，有条理地整理自己的衣橱衣物，保持自己的衣橱衣物整齐。

（4）物品归整：掌握物品分类摆放和物品归纳技能，能够自己独立整理书橱、衣橱，并学会分类摆放。

（5）加工食品：学会安全使用烹饪工具、学会简单烹饪、掌握2—3样简单食品加工技能。

（6）手工制作：能够使用手工工具，掌握一项手工技能。尝试制作编织、贴绣、剪刻手工装饰等。

（7）衣物洗涤：掌握衣物洗涤分类，能够洗涤自己和家人的简单衣物、学会使用洗衣机。

（8）垃圾分类：掌握垃圾分类的意义，带动身边的人按照垃圾分类的原则进行垃圾分类处理。

（9）照顾家人：学会照顾家人，掌握一定的照顾技巧。

（俞孝梅）

第三部分　智（有方法）

目标：帮助家长掌握科学的育人方法，分享成功育儿经验，提升教育智慧和育人能力。

内容：

1. 做智慧型家长，与孩子一起成长
2. 优化沟通技巧，提升教育实效
3. 好爸爸修炼法
4. 和孩子一起成长——人生规划，从现在开始
5. 理性地爱孩子，才是真爱

1. 做智慧型家长，与孩子一起成长

曾经看到一首诗这样写道：如果孩子是鸟，你就是天堂；如果孩子是鱼，你就是大海；如果孩子是花，你就是春天。

这首诗是写给所有老师的，也是写给所有父母的。因为是教育让孩子的世界天高海阔，春意盎然。

望子成龙、望女成凤，是父母正常的愿望，无可厚非。但是，最后成功达成愿望的家长并不占多数，家长们都想问这是为什么？

其实，孩子的成长和父母的教育是分不开的。聪明的父母对孩子的教育是严谨而又轻松的，即不会让孩子感受到过多的压力，也不会让孩子在生活和学习上感受不到压力。而目前许多家长在孩子的教育上花了不少精力和财力，但效果往往不佳。主要因为他们在教育孩子的过程中，违背了孩子发展的规律，陷入了许多盲区和误区。我们只有走出盲区和误区，了解亲子教育的原则，掌握与孩子沟通的艺术，才能走进孩子的心灵，让家庭教育促进孩子身心健康和素养发展。而达成这样的愿望，就需要父母做智慧家长，用智慧来教育孩子，才能成就孩子的幸福人生。

一、教育要点

【做智慧型家长，与孩子一起成长】

古人说：“合抱之木，生于毫末”“人生之路，起于孩提”。这些话很有道理，现代儿童从出生到入学前是人生中身心发展最迅速、最重要的时期。人生最初几年是在家庭中度过的。“人之初”教育始于家长，家长本身的素质及其对孩子进行的教育，有着强烈而深远的影响。中外历史上的许多名人，他们之所以能成才，对社会做出重大的贡献，原因当然是多方面的，但与父母对他们的影响和培养是分不开的。

现代家庭教育是一门科学，也是一门艺术，对各位家长提出了超高的标准。我们每一位家长都努力想把孩子培养成为一个有教养、有能力、有智慧的聪明人。因此，我们每位家长先要让自己成为一个有智慧的人，智慧的家长才能成就孩子的幸福人生。

做智慧型家长，要认识到在家庭教育中存在的问题，促进家庭教育方式、方法的改善。做智慧型家长，要用智慧的方式方法来教育子女，促进子女人格的健全和知识、能力和素养的全面发展。

二、教育贴士

其实，做父母的，需要有善于发现的眼睛，善于聆听的耳朵，善于等待的耐心。具体可以做到以下“一要稳、二要听、三要静、四要等、五要狠”。

1. 要稳住脾气

想要孩子不发脾气，首先父母要稳住，在孩子面前做好表率，尽量不做情绪的奴隶。

2. 要仔细倾听

孩子不会无缘无故发脾气，父母应该学会仔细倾听，先弄明白根本原因，更近一步靠近孩子的内心想法。

3. 等孩子静下来

孩子发脾气时，你跟他/她讲道理是讲不通的。先让孩子把脾气发完，等情绪过去了，再给他/她一段安静的自我修复的时间。

4. 别急着说教

试想一下，你刚刚冷静下来，就有一个人就在你身边不停地讲道理，你会觉得舒服吗？不会！等孩子安静一会儿了，再和孩子沟通。可以制造些你和孩子的共同点，你可以说：“我小时候也和你一样，记得有一次，因为一个玩具……”“我理解你的感受，我也曾经……”。

允许孩子发泄，认可孩子的情绪，让孩子感觉到你不是站在对立面，再循序渐进地说出自己的意见，会让孩子更容易听进去。

5. 对孩子过分的行为要狠

对于原则性的问题，比如发脾气的时候打弟弟妹妹，这时候父母要“狠”，无论如何都不能让步。要教孩子多反省，体会别人的感受，适当克制自己的行为，不能为所欲为。这也是给孩子传递一个信息：有些原则问题，发脾气也没有用，必须遵守。

三、亲子互动

我们该怎么与孩子互动，具体做法如下：

1. 觉察

直截了当地说出你看到的孩子的情绪。

比如，孩子放学回来不高兴，你走过去问：“你看起来有点难过，是什么事情让你难过？”

无论收到什么样的回答，都要表现出尊重孩子的感受，从而传递给孩子这样的信息：我注意到你有这个情绪，并且我接受这个情绪的你。

2. 分享

孩子对情绪认识不多，没有恰当的文字来表达，家长可以提供一些词语来转化这些感受，让孩子能够用这些词语来分享。

比如：你难过的程度从1—5选择是哪一级？或者，你现在感到委屈还是悲伤？做错了事是内疚还是愤怒？

不要打断孩子的话，单纯地鼓励孩子继续说下去，全心全意地说下去，看着孩子的眼睛，拍拍他/她的背，这样孩子的面部表情、身体语言都会舒缓。

3. 约定

跟孩子约定好，所有的情绪都可以接受，但不是所有的行为都能接受。当孩子有打人摔东西的行为时，需要明确地告诉孩子，愤怒是合理的，但破坏行为是不恰当不合理的。可以引导孩子想出恰当的行为宣泄情绪。

4. 行动

帮助孩子勇敢解决遇到的问题，先问孩子想得到什么，鼓励孩子自己解决问题。比如：孩子从打架中想得到什么，如果是想得到友善的对待，不被嘲笑，那打架让你获得想要的东西了吗？孩子会领悟到自己感觉不好的原因，该怎样处理这样的问题，将来有类似的问题就能更好地应对。

四、案例分享

有一个小孩子趁妈妈不注意，在她的衣橱里乱翻衣服，当妈妈发现时，几乎所有的衣服都被弄到了衣橱的外面。这位母亲便和孩子开玩笑似的说道："女儿你看，它们真不老实，怎么都跑出来了，我可不喜欢看到它们乱七八糟的样子。"孩子听后，赶忙看向那堆不听话的衣服，竟然指着其中一件衣服说道："真的呀！妈妈你看，这件衣服还趴着呢！那就让我来管教一下它们吧！"说着，就把所有的衣服都放回原位了。就这样，我们看不到丝毫的责备，这位母亲只是运用了一种比较幽默的语言，表达了自己的所见所感，孩子就乖乖地收拾好了自己的衣橱。一场即将爆发的"战争"，在语言艺术的感召下，不但烟消云散了，还变得趣味十足。

五、良方提示

您是普通家长还是智慧型家长呢？

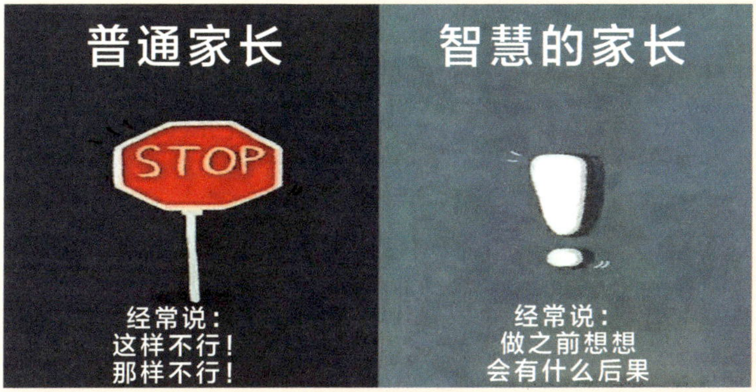

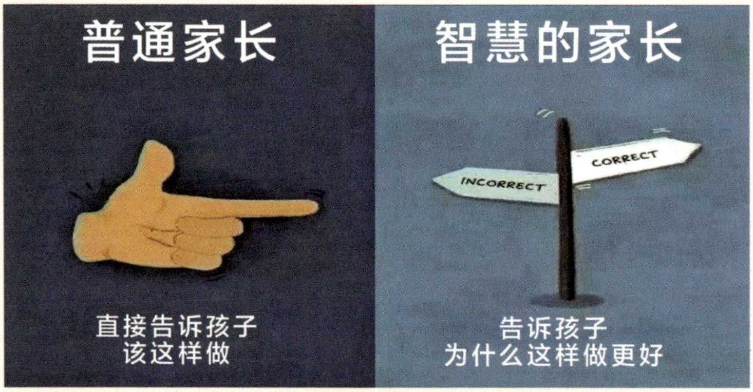
普通家长
直接告诉孩子
该这样做
智慧的家长
INCORRECT
CORRECT
告诉孩子
为什么这样做更好

普通家长
要求孩子
信守承诺
智慧的家长
以身作则
告诉他/她如何信守承诺

普通家长
总拿别人家孩子举例
“你看人家谁谁谁”
智慧的家长
鼓励孩子
做自己

普通家长
将生活重心
全放在孩子身上
不给自己也不给孩子
独处时间
智慧的家长
照顾好孩子的同时
认真经营自己的生活
为孩子树立榜样

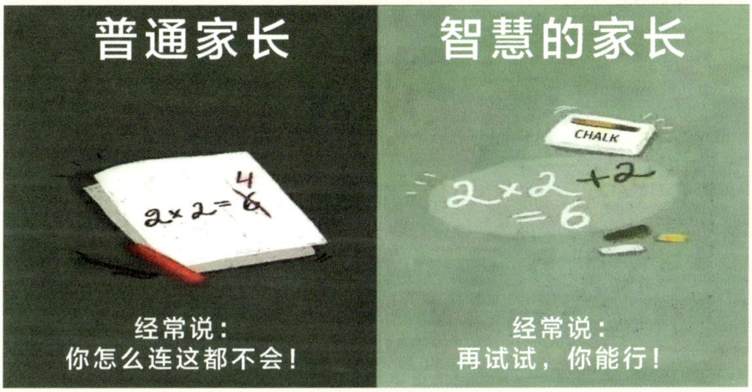
普通家长
经常说：
你怎么连这都不会！
智慧的家长
CHALK
经常说：
再试试，你能行！

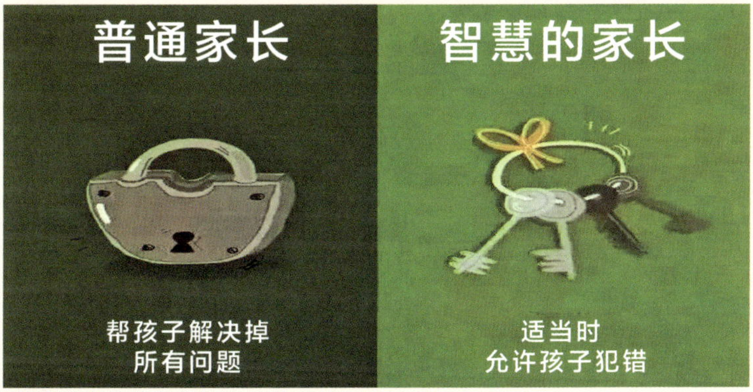
普通家长
帮孩子解决掉
所有问题
智慧的家长
适当时
允许孩子犯错

家长们，教育就像一场闯关游戏。穿越一个又一个关卡，每一关都艰难，每一关又都饱含着喜悦。有了智慧家长，才有幸福的孩子！希望我们每一位家长都能做智慧型家长，和孩子一起轻松迎战每一道人生关卡。

（周　嬿）

2. 优化沟通技巧，提升教育实效

孩子的成长过程离不开家庭、学校和社会的教育，而家庭环境中父母对孩子的呵护与关爱，以及亲子交流与沟通（教育）是最为重要的。为了让孩子能够成为芸芸众生中的优秀人才，众多高学历、高收入和高智商的家长，从胎教开始就花时间和精力，孩子出生后更不惜余力和金钱在生活中嵌入现代家庭教育的元素。随着孩子进入幼儿园、再步入小学接受正规教育，家长不仅倾注着持久的心血，而且相对应的期望也随之不断提高。当孩子逐渐有了自己的思想和行为的时候，孩子各种偏离“期望”的问题也在不断出现，此时的亲子沟通（教育）就尤为重要了。家庭生活中如果缺乏良好的亲子交流和沟通，那么父母和孩子之间的关系一定是不够融洽的，父母的语重心长、苦口婆心，孩子要么听不进，要么做不到，要么和父母对着干。如何让孩子听得进父母的话，如何让家庭教育取得成效，就需要家长采用改善亲子沟通的策略和技巧了。

一、教育要点

【有效的亲子沟通技巧是家庭教育取得成效的重要因素】

每个孩子在成长过程中都会面临各种各样的问题和烦恼，都需要和父母沟通交流。如果家长缺乏与孩子有效沟通的技巧，那孩子的想法和问题就会压抑在心里而得不到释放，长此以往，孩子成长中的问题和烦恼也就越来越多了。所以，家长与孩子能够进行有效的沟通尤其重要。随着孩子越长越大，父母与孩子沟通也就越要讲究正确的方法方式，如果方法不当，就会让孩子产生抵触。父母与子女良好沟通，并建立良好的亲子关系，是每个父母都需要引起重视的。

进入小学后，孩子步入了人生的重要时段成为一名小学生，此时的家长对于孩子未来的期望值会非常高。为了帮助学生能更快地适应小学生活，很多家长都会积极配合学校老师对孩子进行各种学习准备和行为规范的教育。随着孩子年级的升高，各种学业发展的问题、学习习惯的问题、行为规范的问题以及居家生活的问题也就越来越多了。然而，面对某些方面跟不上节奏的孩子，家长们往往会产生急躁的情绪，与孩子说话自然就不那么温和，家长和孩子都处在压力之下，有时更易引发一系列家庭矛盾。

二、教育贴士

当家长的期望与孩子的状况出现偏差和问题、产生矛盾和冲突时，家长要善于倾听孩子的心声，让他/她说出自己的感受和所遭遇的问题，再给予指导和帮助，这就是一种有效的亲子沟通。通常而言，良性的亲子沟通，需要父母优化一些亲子沟通的方法。

1. 父母不要急于否定孩子

孩子由于其年龄特点，越是经常得到正向的信息反馈，越能巩固其正确的行为。反之亦然。在和孩子沟通的过程中，父母需要运用同理心，多从孩子的角度考虑问题。当孩子表达自己的看法时，不要过于着急地否定他们，试着去理解孩子的真实想法，而不是一味地指责或者单方面地说教。

2. 耐心地倾听孩子的心声

要达到良好有效的亲子沟通，父母的倾听显得尤为重要。孩子说话时，父母要耐心地去听，要把他们当成一个有思想的独立个体，尊重他们发表自己的意见。即使孩子因为年龄小，有些想法存在偏颇，家长们也应耐心倾听，只有倾听，才能了解孩子错在哪里，才能有效地去帮助孩子分析。

每一次交流都是极佳的沟通机会。孩子愿意说，家长能耐心倾听，是有效沟通的基础，我们做家长的千万不要急躁地打断孩子。他们表达心声的时候你耐心地听了，那么，在你说话的时候，他也才会安静地、专注地听。孩子就像一面不变形、不走样的镜子，从孩子身上折射出的就是家长的影子。

3. 注意沟通时的动作表情

除了关切的眼神，微笑和专注地倾听也是必不可少的。微笑可以让孩子觉得自己是被父母接纳的，而父母专注地倾听，则表明孩子说的话对父母来说是有价值的，这将鼓励孩子继续说下去，保证了沟通的顺利进行。所以，请不要对孩子吝啬你的微笑和专注的表情。

孩子在对父母说话的时候，如果父母适当地点头，对孩子说的话表示肯定和赞许，孩子就会感到自己的观点得到了接纳，也会感觉到父母是很认真地在倾听自己说的话。孩子会从中得到肯定的力量，从而更好地肯定自己。

4. 坚持对事不对人的原则

在与孩子沟通的过程中，如果需要表达自己的意见与立场，父母应该尽量保持客观的态度，坚持对事不对人的原则。特别是在我们对某种社会行为表示反对立场的时候，更需要谨慎地选择合适的词汇并以恰当的方式表达出自己的意见。需要特别注意的是，无论如何都不要因为我们个人的看法而伤害到孩子敏感的心。

5. 赞美鼓励拉近彼此距离

亲子关系是一种亲密的家庭人际关系。在亲子沟通的过程中，我们可以适当使用一些能传达信任、关怀、赞美和鼓励的肢体语言来拉近自己和孩子之间的关系。例如，孩子放学回家后，显得很疲惫，我们可以轻轻拍拍他/她的肩，表示鼓励和关爱。除了肢体语言的单独使用，家长也可以在言语沟通中配以恰当的肢体语言，更好地表达自己对孩子的关爱。经常给你的孩子一个大大的拥抱，这比100句说教更有效！

我们常说：孩子就是每个家庭的缩影，孩子就是父母的翻版。那么，在与孩子沟通前，父母有没有认真思考过，如果“翻版”出现了问题，归根结底是不是原版出现了故障呢？所以，父母与孩子沟通要有艺术性，父母之间就教育问题讨论的时候也要有一定的原则及表达的艺术性。当然，这又是关于家庭教育的另一方面的话题了。

三、亲子互动

要想获得孩子的认可，提高家庭教育的有效性，家长们需要了解一些原则，并从改变说话的方式开始。

1. 双向沟通的亲子互动

有的家长说，我们沟通的时间也不少呀，每天回家就教育孩子，吃饭时也教育他/她。作为家长，我们首先要明白，沟通不是父母讲孩子听，沟通是双向的。父母说得多了，孩子说得就少了。高明的家长知道如何引导孩子说，让孩子说，而不是自己说。

少用陈述句，多用疑问句。用提问的方法引起孩子思考，让孩子回答。多问几个为什么，怎么办的问题，而不是简单粗暴地告诉孩子应该怎么办。

2. 适当沉默的亲子互动

有家长说，每次我都对孩子讲道理，他就是不听，我该怎么办？

不妨认真想一下，讲道理如果没有效果，我们是否可以试着换一种方法，或者干脆保持沉默。有时候，适当的沉默会激发孩子反思自己的行为，反思之后再进行引导，会达到更好的教育效果。

3. 赏识鼓励的亲子互动

每个人都期望得到别人的肯定，而赏识和鼓励能给孩子带来动力。每个孩子都有优点，都有表现欲，发现孩子的优点并加以赞赏，会让他/她更加乐于表现。

有些孩子成绩差，归根到底是因为信心不够。面对激烈的学习竞争，孩子需要身后有人无条件地爱他/她、支持他/她、赏识他/她、鼓励他/她。

4. 尊重孩子的亲子互动

从两三岁起，孩子的自我意识就开始萌芽，随着年龄的增长，这种自我意识会愈发强烈。孩子有了自己的一些主见，说明孩子知道了自己的力量和能力。当孩子提出不同的看法和要求时，不要认为是他/她不听你的话，跟你对着干，而粗暴地反对他/她。比如，你要求孩子学英语，可他/她还想再跟小伙伴们玩一下，你不能发脾气："越大越不听话了，不好好学习，看你长大了能干什么。"这样做只会让孩子更加厌恶学习。可以用尊重的语气："那你再玩一会儿，不过，玩完了，可一定要学英语。"孩子相对就会乐于接受了。

5. 学会信任的亲子互动

孩子都会特别希望得到成人尤其是父母的信任，所以对孩子说话时要表现出充分的信任。比如，孩子想学打羽毛球，你用鼓励信赖的语气说："孩子，只要努力学，认真学，一定能学会打球的。"这无形中就给了孩子一份自信，并让他/她明白，只有坚持才能获得成功。假如用的是挖苦的语气："就你这样三分钟热情还想打球啊？"就会给孩子的自尊心带来伤害，令他/她对自己的能力产生不自信。

四、案例分享

孩子在校做完阶段练习后，拿着试卷回到家，一脸沮丧地跟爸爸妈妈说："我这次可能考砸了。"

爸爸拿起试卷，问："哪些题不会做？"

孩子指着一道填空题。

老爸一看，怒了："这么简单都不会，笨啊你，我以前这种题都是全对。"

孩子低下了头，流着泪默默地回到了卧室。

妈妈走进来，孩子以为妈妈也要往伤口上撒盐，看了妈妈一眼，也不愿意理睬她。

妈妈蹲下来，摸摸孩子的头，轻轻地说："妈妈能理解你考得不太好很难过，爸爸还那样说你，真不应该。妈妈相信你，把这些做错的题重新再梳理一遍，一定能做出来的，对吗？"

孩子听妈妈这样说，很诧异，把试卷拿出来，认认真真地订正了起来，不一会儿就订正完了。

妈妈竖起拇指，夸道："对啊，你看，这些题你现在不是都做出来了嘛，我女儿真棒！"

从那以后，孩子考完试都会跟妈妈讲，而爸爸在场的时候却再也不说学习的事了。孩子的学习信心可能因为家长的不懂教育而一次次被削减。而一个人想要有所成就，一定需要一颗强大而自信的心。

我们都知道，在不同家庭中成长起来的孩子个性是不相同的。在亲子互动中，因为父母与孩子之间的沟通方式不同，每个孩子的个性不同，甚至有时候说话沟通时的情境不同，都会使得同一句话的表达效果大相径庭。所以，跟孩子说话，家长是要备课的。家长要是有准备，艺术性地去与孩子沟通，一定可以达到"四两拨千斤"的效果。

五、良方提示

所谓亲子沟通，就是听听孩子的心声，让他/她说出自己的感受和所遭遇的问题，再给予指导和帮助，在这基础上的亲子沟通也是正确的、合理的。

1. 从孩子的角度看问题

当爸妈高高在上时，自然会与孩子拉开一定的距离，沟通更是无从谈起。其实，良好的亲子沟通前提就是父母要能够从孩子的角度来想，来观察、思考孩子这么做是出于什么原因。当爸妈能够更加理解孩子的时候，就不会再觉得他们的举动是无意义的，就能与孩子很好地沟通了。

2. 建立和孩子的信任感

只有信任爸妈才会让孩子愿意把心里的话告诉爸妈。孩子年龄越小，亲子之间的信任度越高，然而，随着孩子日益长大，亲子之间的信任度却可能呈下降趋势。为了改变这一现状，最好的方法就是让孩子感受到爸妈的尊重与关怀。父母要扩大与孩子的沟通范围，除了学业，更要关心孩子的快乐与烦恼。

3. 多给孩子自主选择权

孩子大约在 3 岁左右就已经开始拥有简单的决定能力了。这时，爸爸妈妈要有责任、有意识地进行教育，让孩子开始学习为自己的行为负责。比如生活中的一些小事都可以让孩子自己去做主，如果他们选的不合适，爸妈可以给出意见，但最终还是要尊重孩子的意愿，让他们为自己的行为负起责任来。所以，不妨让孩子做一些小的选择，练习思考能力，学习对自己的决定负责，在生活中学习思考。

4. 根据特点来培养孩子

无论父母多忙，在平时都可以多观察孩子的个性特点，不进行盲目的施教，通过一些亲子活动来引导孩子发挥自身的长处。如果爸妈希望孩子成长为什么样的人，那就应该尽早为其做一个符合孩子个性需求的规划，当孩子可以尝试自己感兴趣的活动时，许多亲子间的误解和矛盾自然可以化解。

5. 需要树立适当的威信

和孩子平等地沟通、做朋友，并不意味着迁就和溺爱，父母适当的威信还是需要的，既要平等地对待孩子，使孩子乐于和爸妈玩耍、游戏、谈心，又要建立起父母应有的威信。这其中的平衡点需要父母巧妙地把握好。

家庭教育和良好的亲子沟通方法无数，但需要做到因人而异。在陪伴孩子成长的过程中，家长们需要不断学习，不断改变自己，希望大家都能成长为一名智慧型家长。

（王惠敏　夏　敏）

3. 好爸爸修炼法

“父”字的甲骨文写法像“一个男人右手持棒”，意指手里举着棍棒教子女守规矩的人就是父亲。中国传统启蒙读物《三字经》中“养不教，父之过”以及颜之推的《颜氏家训》、曾国藩的家书等，这些都表明父亲在家庭中承担着重要的育儿作用。但目前受“男主外、女主内”家庭格局的影响，一些父亲由于承担的社会压力较大，他们往往不自觉地忽视甚至放弃在家庭教育中的角色与责任，以至于父亲少言寡语的教育湮没在母亲喋喋不休的养育之中，这严重阻碍了孩子的健康成长。

一、教育要点

【家庭教育中，父亲的角色很重要】

家庭教育中的父亲角色，对孩子的认知发展、人格塑造以及身、心、群（社会性）健康发展有着重要的作用。著名的教育家格尔曾经说过：“父亲的出现是一种独特的存在，对培养孩子有着一种特殊的力量。”父亲的一言一行、一举一动都会对孩子的方方面面产生极其深远的影响。英国哲学家、社会学家赫伯特·斯宾塞说过：“父亲是孩子通往外部世界的引路人。在教育孩子的过程中，无论是性格培养，还是情感教育，无论是知识训练，还是道德品质的培养，父亲都起着巨大的影响，好的和不好的影响都同样巨大。”因此，我们必须树立科学意识，充分认识到父亲角色在家庭教育中的重要性，重拾父亲在子女教育中的权利和责任，提升父亲教育的影响，从而为孩子的健康成长保驾护航。

二、教育贴士

1. 父亲的教育起到什么作用?

父亲一般具有独立、自信、果断、坚强和敢于冒险等个性特征，又比较擅长逻辑推理、空间定向和抽象思维，这些都有助于孩子相应能力和个性的发展。据调查显示：经常与父亲互动的孩子，其人际关系更加融洽、从事活动的风格更加开放，并具有进取精神。

在孩子的体格、发育方面，父亲的影响占有很大的优势。这是因为父亲与孩子互动的方式与母亲不同。父亲更多的是通过身体活动、触觉互动、肢体运动等游戏，给孩子以强烈的动作和身体的刺激。这种刺激的结果就是促进孩子的体能和感知运动能力的发展。

父亲的角色是孩子性别角色正常发展的重要条件。父亲为儿子提供男性的基本模式，帮助他正确认识自己的性别角色，父亲也是第一个引导女儿认识男性社会的人。在与双亲的交往中学习，儿女都可以兼收并取父母的特点，学习如何对待异性。这对于他们将来的社会性发展和性别角色定位，都有着不可忽视的影响。

2. 做一个什么样的父亲?

（1） 做个善于包容的父亲

在我们固有的印象中，父亲总是那样的严厉，但在以母亲为教育主流的大环境下，这份严厉渐渐被母亲的慈爱所取代。作为父亲，不仅要疼爱孩子，更要体谅妻子，如果对孩子的陪伴确实太少，应在反思自己不作为的同时，更要积极地跟孩子沟通，理解母亲的良苦用心。

当孩子向父亲告状说妈妈打他时，父亲最正确的做法是：首先去劝导孩子，问清妈妈打他的理由，从妈妈的角度告诉孩子妈妈打他时的心情及想法，进而让孩子能体会妈妈的爱子心切。妈妈的冲动可能是因为心情不佳，或是工作遇到了困难、麻烦，或是孩子不听话，或者家务比较重，身体不舒服等，引导孩子学会体谅妈妈，为妈妈分担痛苦和忧愁，而不是不分青红皂白，一味地谴责妈妈，或责怪孩子不听话，用不经思索的行为去处理问题只能造成相互伤害。要知道家庭成员间的摩擦无法避免，当发生不快时，作为长辈，我们应该做的是既要维护自身的威信，又不能伤害孩子，用委婉的话语去化解矛盾。

孩子渐渐长大，他们会不自觉地与大人唱反调，不服管教，因而总有一些不可避免的冲突发生，大人焦虑，孩子烦躁。此时，父亲更需要有耐心从中周旋、解释，告知彼此应该怎么做。既要母亲明白逆反期孩子的心理特点，又要孩子懂得长辈的爱。

（2）做个会玩的父亲

父亲是孩子的良师益友，“玩”是孩子的天性，他们在玩耍中获得成功和满足，获得经验和情感。当父亲和孩子一起玩时，能迅速跟孩子建立亲密和谐的家庭关系，更利于发挥孩子活动的积极性和创造性。陪孩子玩沙子、下棋、拼装各类机器……在这些活动中，作为父亲要不断地调整自己的心态，培养自己的兴趣，一起玩不是迁就，而是享受跟孩子一起度过的时间，游戏能让孩子在实践中培养思维、语言、操作、交往等能力。

（3）做个学习型的父亲

“望子成龙”是每个家长的愿望，学习的好坏似乎是孩子的事，家长只是起到一个“闹钟”的功能，定时提醒一下：“你要好好学习！”上学前告诉他们“要认真听课！”，放学后说一句“认真写作业！”，好像这就是家长对孩子学习的全部责任。父母们自己已经渐渐失去了对学习的兴趣，只知一味地要求孩子热爱学习，自己不捧起书本，却要求孩子一天到晚看书。每个孩子天生都是爱学习的，他们的头脑里充满了好奇和疑问，但是对于孩子的问题家长不能一无所知，或者在学习上无法帮助他们，不能为他们提供一些学习方法的指导、知识探索的指引，这对于孩子的心智发展来说都是不利的。做个学习型父亲，不仅要有终身学习的观念，关注生活、关注时事、读书看报、进修学习，更要关注孩子的学业，看一看孩子每天的作业，提出一些建议，或表扬他/她的进步，都会是对孩子学习的莫大帮助。

父亲的言传身教极为有力，父亲自身文化素养的提高，直接影响着孩子的学习态度和行为准则，当家庭教育有了父母共同的参与时，才能称为完整的家庭教育。父亲在教育过程中应该有思想性、有目的性地去教育孩子，让孩子的人格更完善。

3. “好爸爸”应该具备的五个元素

父亲在培育儿女上的作用不可替代，他们有着特殊的力量。称职的父亲应该同时具备以下五种元素：

（1）善于对孩子表达爱心

许多孩子都“希望爸爸能对我说或向我表明他真的爱我”。事实上，不少孩子甚至成年子女都希望父亲能把对自己的爱表达出来。因为，爱的表达能赋予孩子信心和勇气。不善言语表达的父亲可以通过特殊的方法做到这一点，比如把爱意留在便笺、卡片上，或写成字条贴在孩子用的抽屉表面，或给孩子一些表达爱心的奖励（礼物）。

（2）愿意与孩子共度时光

父亲能给予孩子的两样最珍贵的东西，除了爱心，就是时间。偏偏这两样，对父亲们来说都不太容易“出手”。所以，父亲们要挤出时间陪伴孩子，比如某天下班后放下手机与电脑，与孩子聊天、游戏一小时，周末安排半天和孩子出去游玩等等。

（3）能够用儿童眼光看世界

父亲们还要记住：好奇和幻想是儿童的天性。儿童的兴趣和成年人也是不同的。大家要认识到与孩子在一起，最好放弃“事情本来应该怎样”的先入之见，尝试站在孩子的角度思考、看待问题，接受他们的“五花八门”与“天马行空”。

（4）启发孩子并耐心等待

每个孩子都是独一无二的，都有自己的想法和感受，都需要成长的空间，爸爸作为教育的促进者，应当进行适当的启发和引导，搀扶着他们走好每一步。这期间耐心等待最重要，有时需要爸爸们陪着孩子“原地踏步”，并通过启发帮助他们突破自我；有时也可以自己走一小步，带着孩子跨出一大步。

（5）有力、合理地设限

“限制”是爱的基本方式之一，只要纪律执行得坚决、合理而又从爱护出发，孩子最终会心悦诚服并从中受益。合理的限制不仅是孩子需要的，也是他们欢迎的。反之，对孩子放弃“限制”的父母终归不得不借助惩罚。惩罚与限制的区别：惩罚是你无计可施，不得已而“对付”孩子的办法；而限制则是事前告诉孩子的、约定好的规则，它也可能涉及惩罚，但有着约法三章、明确无误的、出于爱的目的。即使体罚，只要是按“章程”执行，孩子就不会有被父母随意打骂那样的愤愤不平。

三、亲子互动

1. 让孩子为爸爸做早餐

孩子喜欢为爸爸做事情，他们会感觉非常骄傲。如果孩子超过三岁，不如让他/她给爸爸做一顿早饭。爸爸们不要为厨房里一团糟而发愁，给孩子一些安全指导后，就让孩子以自己喜欢的方式做饭。煮鸡蛋是简单而美味的选择，往面包上涂果酱也是孩子可以胜任的。然后把孩子做的早餐盛在精致的盘子里，大加赞扬并开心地享用。尽管食物的味道可能不怎么样，孩子却会非常得意和满足。

2. 让爸爸带孩子上公园

让爸爸带上孩子去一次公园，如果有条件的话，最好选择骑车前往。不要嫌孩子的小自行车太慢，关键是孩子会很喜欢一起骑车的感觉。当然，爸爸要确保两人的安全。到公园和孩子一起享受大自然，划船、放风筝或是在草地上打打闹闹，孩子都会兴趣盎然，流连忘返。

3. 让爸爸重视睡前时光

难得有机会陪着孩子入眠，爸爸一定要好好把握，可以给孩子讲励志的故事，陪他/她做游戏，哄他/她入睡。如果孩子因为一整天玩得太高兴而不肯睡觉，爸爸可以做出承诺，比如："再玩一会儿小火车就睡觉啦。""听完3个故事一定要睡觉。"爸爸的威严可以让孩子乖乖守信睡觉，孩子也能初步明白承诺的严肃性，说话就要算话。

4. 让爸爸带孩子拜访祖辈

如果住得离爷爷奶奶、外公外婆家不太远，不妨定期带上孩子一起去拜访祖辈。父母祖辈之间的亲密关系会给孩子树立榜样，对孩子和家人"长幼"关系的确立起到积极的作用。可以让祖辈讲父母小时候的故事，看看孩子的脸，爸爸一定会发现，孩子已经意识到爸爸曾经也和他一样，是个小孩子。这种感觉可以拉近爸爸和孩子的距离。

5. 让爸爸分享自己的爱好

爸爸可以分享自己的兴趣爱好，与孩子分享最喜欢的活动。如果爸爸的爱好是看足球，就带上孩子一起去看球赛。如果爸爸喜欢钓鱼，也可以培养孩子的耐心，让孩子和爸爸一起去享受钓鱼的时光。稍稍涉足爸爸的世界，对孩子来说，已经是大开眼界。爸爸愿意让自己参与到他最喜欢的活动中，孩子也会觉得爸爸把自己当作大人看待，这种感觉很棒。

四、案例分享

恐龙到底有多大?

小明家有一套《大英百科全书》，爸爸常让小明坐在他的膝上，给他念里边的章节。比如有一次念到恐龙，书中写道："恐龙的身高有 25 英尺，头有 6 英尺宽。"爸爸停顿了，对小明说："嗯，让我们想一下这是什么意思。这也就是说，要是恐龙站在门前的院子里，它的身高足以使它的脑袋够着咱们这两层楼的窗户，可它的脑袋却伸不进窗户，因为它比窗户还宽呢！"就是这样，小明的爸爸总是把所教的概念变成可触可摸、有实际意义的东西。

五、良方提示

父亲和母亲在孩子成长中担任的角色是不同的，两者缺一不可。父母都不能错过陪伴孩子的关键时期，孩子的成长只有一次，错过就真的错过了。母性教育是一种"根"的教育，目标是使生命滋润、丰盈，教给孩子细腻、温柔。而父性教育是一种"主干"的教育，目标是建立孩子人生的"主心骨"，让孩子学会勇敢、自立、自强。其实，大多数的爸爸，爱孩子的心并不比妈妈少，但是在参与教育孩子方面，有时候不是观念的问题，也不是不想帮妻子分担，而是对于怎么陪孩子有些无所适从。其实，爸爸们后天学习能力强，只要掌握了一些生活技巧和游戏方法，参与育儿并不是难事，反而还是一件趣事。为了让孩子更优秀，爸爸们要行动起来了，不妨尝试先从改变与孩子交流的表达方式开始：

1. 你看起来很不高兴，遇到什么麻烦了？

2. 发生了什么？你能告诉我吗？

3. 当时你的感觉如何？
4. 你做出了怎样的反应？
5. 这些反应的后果怎样？……是不是你想要的？
6. ……结果怎样？有没有达到你的目的？你希望是什么样的结果？
7. 那你觉得有什么办法可以使结果不同？
8. 如果可以重来一遍，你会决定怎么做？/下次碰见相似的情形，你会如何应对？
9. 你希望我为你做点什么？/需要我的帮助吗？

（唐益玲　周文霞）

4. 和孩子一起成长——人生规划，从现在开始

人生规划，就是我们每一个人根据自己的实际能力和专业知识，大致设计好一个自己将要为之奋斗的内容、目标和自己行动的路线。人生规划，也是在前进的道路上，先给自己定下一个合适的高度，然后再通过自己一步一步的努力朝着那个方向前进，直至达到既定高度后再设新的高度，渐行渐高，那个前方的高度就是我们的未来。

人生规划又是一个实现孩子终生目标的时间表，当一个孩子有了人生目标，他/她所焕发出来的能动性、积极性和顽强斗志、拼搏精神，是我们无法想象的。这样的孩子在努力的过程中，从外人的角度上看，是牺牲了他们“玩”的时间，很累很辛苦，但这样的孩子反而会更自信，整个状态都是生机勃勃的，他们在达成每一个阶段目标中所获得的快乐，是那些无所事事的孩子体会不到的。

一、教育要点

【孩子的人生规划，不意味着一定要达成怎样的效果，而是定向和定调】

人生的规划很重要，在孩子对什么是人生还没有概念的时候，作为家长，就应该帮助孩子做好一个规划。当孩子开始用“我长大了要如何如何”的口气来表达对未来的展望时，家长对孩子人生的规划就应该开始了。但在这个规划中，孩子不能仅是一个“实施者”，也要是一个“参与者”。家庭教育目标不可避免地与孩子人生目标密切相关，在孩子小的时候，父母为孩子设计的教育计划，在某种意义上讲，就是孩子的人生规划。

有计划的人生一定会比较从容的，许多父母会把为孩子设计人生当作自己义不容辞的责任，但许许多多家长设计的多是让孩子考什么高

中、上什么大学、读什么专业，最后去哪里就业等等。

显然，这种大类的且长期的规划，往往在实施了一段时间之后，总会因为现实环境的改变而出现偏差。就像人们常说的“计划没有变化快”，到这种时候，有些家长就会非常沮丧和失去信心，从而将规划半途而废。其实有时往往是那些变化，才真正影响到了孩子的人生。所以，人生规划的成功，不在于孩子最终能够获得什么成绩，而在于教会孩子无论得失都可以从容面对，不断成长。

究竟该如何帮助孩子制定规划？首先，要尊重孩子的成长规律，人生计划不意味着一定要达成怎样的效果，而是定向和定调。

所谓定向，并非给孩子指明一条具体的发展道路，而是要引导孩子探索和发现属于自己的美好人生，鼓励他们强健体魄、充实头脑、完善心灵，努力做更好的自己，这是人生的大方向。不必过于担心在这个过程中，孩子会走弯路，会受打击，这是一个人成长的必经之路。

所谓定调，就是要注重保护孩子善良快乐的天性，培养孩子平和积极的心态，在生命的任何境遇里都能把握住自己的心灵和脚步的方向，这样就可以在春风得意时少些膨胀骄躁，遭遇困境时少些怨天尤人。

其次，分解成容易实现的小目标。有些家长说，一想到计划就“头大”。实际上，是家长把计划想得太复杂。虽然生活中有许多无法预见的事，但是在一定程度上，我们对孩子的发展还是可以掌控的。

如：一位爸爸说，他对孩子的小学阶段的要求只有两个：第一，不可以长胖。第二，不可以戴眼镜。如果这两点能够做到，这个孩子的将来就一定足够自律，足够为自己的人生负责。

如果你期望孩子将来成为工程师，那么你至少要告诉孩子，工程师到底能做些什么；如果你期望孩子长大后可以成为一名作家，那么你就应该保证孩子从小对书籍产生热爱。

二、教育贴士

1. 从小开始人生的规划，设立人生目标

每个人从小都要进行人生规划，即自我认识和规划。这样能精准地找到个人的人生定位和长远发展。家长和孩子可以及时找出差距，调整学习内容，培养相应的能力，有意识地为孩子的未来作准备。特别是让孩子有心理准备，并且从小培养孩子的做事效率和合理安排时间的能力，可以在教育资源有限、生存竞争日趋激烈的社会上保有立足之地，拥有美好的人生。

飞机发明者莱特兄弟小时候放羊，看到天空自由飞翔的小鸟很是羡慕，就学鸟飞。他们的父亲并没有嘲笑、制止他们，而是充分理解孩子可贵的好奇心和大胆的想法，还同孩子们一起学鸟飞。他郑重地鼓励孩子们说："只要努力，我相信，你们长大了一定会飞起来的！"后来，莱特兄弟发明了飞机。

2. 树立了人生目标，为梦想而努力奋斗

有一个很通俗的譬喻，教跳远的体育老师说："你眼睛所能看到的地方，就是你能跳到的地方。"设定一个远大的人生目标，并且具有不达目的誓不罢休的拼搏毅力，就能够激发人的无法估量的生命潜能，使人爆发出世界上任何力量也阻挡不了的巨大能量，那么最终一定会实现这个人生梦想。

莱特兄弟从小就对机械装配有着浓厚的兴趣，最终促使他们发明了世界上第一架载人动力飞机，这无疑与他们从小执着的飞行梦想是分不开的。

3. 寻找现实与目标的差距，调整学习方向，培养相应的能力

知道"人生目标"需要具备沟通的能力，这时，父母就需要着重培养孩子的交际技巧，语言表达能力和书面写作能力。知道"人生目标"需要

具备领导能力，这时，父母就要着重培养孩子协调、合作、规划、判断等的能力。知道选择这个目标，就意味着孩子成人之后的生活方式会非常紧张繁忙，那么如果这个目标是孩子自己选择的或者认可的，那么就要提前告知孩子，让孩子有心理准备，并且从小培养孩子的做事效率和规划时间安排的能力。

4. 理解、尊重和鼓励，激发孩子无限的潜能

家长要关注自己孩子成长中的点点滴滴，对他的进步都能看在眼里，及时给予表扬，孩子就会获得很大的鼓舞。现今社会，“六加一”的家庭组合，家长对于孩子在学习考试、升学就业上的表现寄予了太大的期望。如若孩子生活在鼓励中，他/她就学会了自信与坚强。孩子生活在认可中，他/她就知道了成功与追求。

三、亲子活动

采用心理雕塑的形式，让家庭中的三个成员：父亲、母亲、孩子分别扮演“过去”“现在”与“将来”三个时段，分别赋予三个角色负面与正面的台词，大家进入各自的角色充分思考。此时，父母反思自己在教育孩子过程中的不足和优点，分享成功的经验，而孩子也在交流中树立起自信，并获得自我的价值感与存在感，收获自我成长的幸福感。

1. 建立联结

活动中，父母不是从“过去、现在去看将来”的视角评估和指引孩子，而是从“沉淀过去，以将来看现在”的视角，以生涯幻游的方式，让孩子从未来某一个时间点描述未来 5 年、10 年可能发生或者期望发生的事情，从而计划现在要做的准备，以发展性的视角引导孩子的生涯规划之路。

在此基础上进一步开展亲子活动——生涯规划，从 To be（我想成为）、To have（我拥有）、To love（我爱）与 To leave（我想留下）四个方面认知自我与探索自我，培养孩子在人生规划上寻找属于自己的方向。

2. 指定目标

从某种意义上说，人的潜能是无限的，而绝大部分人只是开发了自己潜能的很小一部分（5%左右，爱因斯坦也只是开发了15%左右）所以，确定自己的人生目标要高于自身实际能力，即经过自己最大努力可以实现的目标，因为只有这样的目标才能激发你的斗志和潜能。

四、案例分享

案例 1

“妈，我吃一根香蕉行吗?”小东问妈妈。“你这孩子怎么这样，香蕉是妈刚买的，你想吃就自己拿，非得问我行不行？难道是想让我给你拿?”妈妈一听小东又为这种小事“请示”她就来气。在家里，像这种小事，小东每次都小心谨慎地问母亲，其他的大事，若是没有家长的允许，他根本不会去做，经常是小心翼翼地看母亲的颜色行事。如果哪天妈妈不在家，小东就不知道自己该怎么过。

妈妈曾经和小东有过一番很有意思的对话：

“小东哪，你为什么上学?”“你们让我上，我就上了。我也说不好。”

“那你今后想干什么?”“我不知道，你们说呢？你们让我干什么我就干什么。”

“那你说说，你有什么特长和爱好?”“我也不知道。”

当时，妈妈看着小东难受的样子，就不再说什么了，“哎！这孩子，说老实，真老实，说听话，真听话，说省心，真省心，可是就是自己一点儿不操心。”

案例 2

小玉今天在学校图书馆阅读课外书，一下子想到了一个严肃的问题："我今后的人生会是怎样的呢？我已经上五年级了，不能就这样没有目标地走下去了。"突然，一个似乎是想了很久很成熟的想法跳了出来："我要做一名广告设计者。"晚上回到家，她和妈妈说了自己的想法。妈妈很高兴，问："孩子，你怎么会有这种想法呢？""因为我经常有很多很独特的见解，老师总是表扬我。""那你了解广告设计者应该具备哪些素质吗？"妈妈又问。"首先要是个全才，然后要会创新，还要懂音乐、懂艺术。"小玉搜肠刮肚地列举。"你能行吗？"妈妈似乎总有问题。"现在当然不行了，不过我会努力。"小玉信心十足。"那你先想想自己和这个目标还有什么差距？怎样才能一步一步实现它？"妈妈的这句话让小玉陷入了沉思。整个晚上小玉都是在沉默中度过的。晚饭后，坐在写字台明亮的灯光下，小玉神情严肃地摊开日记本，工工整整地写下了以下这番话：

今天妈妈给了我莫大的启发，我想做一名广告设计者，但是我不能单凭这一个简单的想法就去做广告设计者。我首先要了解广告设计者的素质，从而知道我应该做好哪些准备。我还要给自己制定计划，一步一步努力去实现它。

我们的孩子，是现实版的"小玉"还是"小东"？他/她有自己的"人生规划"吗？

五、良方提示

1. 和孩子谈论未来规划

每个家长都希望孩子以后的人生能够顺顺利利的，让孩子有一个美好的前程是我们家长义不容辞的责任。因此，家长在重视孩子身体健康和心理健康的同时，一定也要引导孩子做一份属于自己的人生规划和未来目标。平时适当地与孩子交流，鼓励孩子能根据自己的爱好、特长尽早做好规划，帮助孩子认识自我，努力学习，培养兴趣，积聚力量，创造属于自己的幸福人生。

2. 营造宽松氛围开发潜能

当莱特兄弟学鸟飞时，他们的父亲并没有嘲笑、制止他们，而是充分理解孩子可贵的好奇心和大胆的想法，还同孩子们一起学鸟飞。他鼓励孩子们，只要努力，长大了一定会飞起来的！孩子生活在鼓励中，他/她就学会了自信与坚强；孩子生活在认可中，他/她就懂得了成功与追求。因此我们家长要用爱、智慧和陪伴，用理解、欣赏、尊重和鼓励，为孩子们播下了成功的种子，许给孩子们一个美好的未来。

3. 鼓励孩子做人生规划

当一个人对自己的人生做出规划以后，就一直会有一件“未完成”的心愿在暗示自己，也许这就是蔡格尼克效应的魅力所在，它是驱动我们完成学业、实现目标和理想的动力和不断改变、不断奋斗的意志。人生之梦需要有梦的“规划”才能实现，好的人生离不开好的规划，成功的人生离不开成功的规划和持之以恒的努力与奋斗。“一个心中有目标的孩子，会成为一个有成就的人；一个心中有长远而清晰目标的人，会成为创造历史的伟人。”我们不能控制他人，但可以掌握规划好自己的人生；我们不能样样胜利，但可以事事尽力；我们不能决定生命的长度，但可以拓展生命的宽度。这个“宽度”，就是我们的生涯。

设定一个远大的人生目标，并且具有不达目的誓不罢休的拼搏毅力，就能够激发人的无法估量的生命潜能，使人爆发出任何力量也阻挡不了的巨大能量。每个人，一辈子，想干什么，要干什么，能干什么，都需要提前做一个规划。像盖房子一样，先要有意向设计好图纸。请让我们和孩子一起成长——人生规划，从现在开始！

（张惠惠）

5. 理性地爱孩子，才是真爱

二十世纪八十年代开始的“独生子女”政策，引发了儿童社会化的一些问题。从现代教育的视角来审视当下“421”为主的家庭教育现状，最为突出的问题就是——传统的家规逐渐过时，过度的宠爱越发普遍。

新千年以来的学生，多数为独生子女，学生的父母也是独生子女，独生子女的学生和独生子女父母，都是在从小得宠的家庭氛围中成长。现在的有些家庭中，退了休的长辈变相为“保姆”，并小心翼翼地伺候第一代独生子女和他们的独生子女，导致了家庭中祖辈、子女、孙辈三代关系倒置，本该传承的家道、家规、家风荡然无存。尽管“家长是孩子的第一责任人”观念深入人心，但忙于现代快节奏工作和生活的家长们，真正静下心来承担起理性教育子女的责任，还是有诸多不尽如人意的地方。一部分家长很难跟上时代要求的现代家庭教育节奏，独生子女和隔代教育交织于望子成龙与望女成凤，缺乏理性地爱孩子已经凸显出“家规不严、宠溺过度”的弊端，为此，如何改善独生子女父母教育独生子女孩子的观念、态度和方式方法，成为我们共同关注的一个焦点。

一、教育要点

【惯子如杀子、慈母多败儿】

家长过分宠溺孩子，往往会养育出自私无情和没有规矩的逆子。在娇宠溺爱中长大的孩子，性格中一定会有自私无情、缺乏自制力等特点，也不可能成为一个身心健康并全面发展的优秀孩子。

父母是孩子的第一位老师，父母的一言一行对孩子的影响是最大的。每个家庭中，家长教育是否得法，直接影响孩子的未来。如今的家长对孩子过于宠爱，尤其是祖辈家长过分溺爱孩子，是无法改变的一种常态。理性爱孩子，已经成为家校协同促进孩子健康成长中的薄弱一环，必须引起广大家长的重视。

“爱子之情，人皆有之。”普天下的父母心或多或少都会对孩子无原则地宠爱、溺爱，让孩子觉得父母和爷爷奶奶、外公外婆最疼我，只要我要什么，父母总会答应的，若他们不答应我，我一闹也能得逞。日久天长，宠溺惯的孩子必然滋生一种“以我为中心”的自私心理。由于宠溺代替了理性教育，家长处处庇护孩子，把缺点视为优点，把得寸进尺的胡闹视为了聪明，过度的宠溺导致了没有规矩且自私的个性，弱化了当下孩子社会化进程中各种锻炼机会，他们没有克服困难的勇气和抗挫折的心理与能力，造成了孩子心理脆弱、自私任性。

二、教育贴士

尽管都知道“惯子如杀子、慈母多败儿”这样的古训，但在孩子的成长中，有些家长根本就听不到“惯子如杀子、慈母多败儿”的声音，看不到“惯子如杀子、慈母多败儿”的现象，更感受不到“惯子如杀子、慈母多败儿”的体验。事实上，宠溺孩子会对孩子的自身发展产生消极影响，在孩子的健康成长、学业发展、价值观念、社会适应、孝敬父母等方面，都构成了诸多的害处。

1. 宠溺的孩子只爱自己

“421”家庭的独生子女，从出生那天起，就享受着无微不至、体贴入微的爱。因为是独生子女，所以家长各个方面都不想留缺憾，祖辈 4 人加上父母 2 人的倾力而为，使得孩子整天被这种宠溺之爱包围着。孩子在日复一日、年复一年的宠溺中成长，习惯于理所当然地接受“4 + 2”给予的爱，无需付出、无需回报也能享受无尽的宠溺之爱。久而久之，被宠溺的孩子只习惯于享受爱，没有爱别人的习惯。

2. 宠溺的孩子观念混乱

家庭教育经验与教训启示我们，在宠溺环境下长大的孩子，多半是没有规矩的，且价值观也是混乱的。唯我独尊、随心所欲、无拘无束等生活习惯，使孩子很难真正地适应社会。因为在宠溺环境下长大，孩子就接受不到自我约束、艰苦奋斗、克服困难等等一系列正确的价值观熏陶，一旦走向社会就会发生一系列有关学习、生活和成长的很多问题，有些问题是原则性的问题，还有一些问题是价值观的问题，这些问题不是父母所期望的，却是父母宠溺之爱导致的后果。

3. 宠溺的孩子学习困难

在孩子的学习、生活中，不少家长对孩子的作业也包办代替，导致孩子在学习上遇到更多、更大的障碍。一遇到学习上的问题，父母就包办代替，长此以往，孩子自觉学习、刻苦钻研的精神就无从培育。学习不自觉、不刻苦、不勤奋成为了习惯，就会导致恐学、厌学。

4. 宠溺的孩子能力低下

我们每一位家长都希望自己的孩子学习能力强，学业成绩优；也希望自己的孩子拥有解决困难和抗挫折的能力，能脚踏实地做好自己力所能及的事情。尽管所有的家长都有这样的美好愿望，但现实却大相径庭。这种落差，归根结底是“4＋2”家庭对孩子宠溺之爱的结果，也导致了孩子在各个方面的能力因没有得到锻炼而退化。家长宠溺孩子，致使孩子诸多的成长中的问题被掩盖，长此以往造成了各种能力低下。

三、亲子互动

家庭教育是否得法，关键在于家长树立“理性爱孩子”的观念，并在家庭生活中为孩子立规矩、帮孩子守规矩，绝不宠溺孩子。国有国法，家有家规，家规就是家庭生活中的一些准则和规范，需要家庭成员在生活中把握的一种分寸，没有家规和分寸，家庭生活必定是糟糕的。

1. 告诉孩子，取消特殊待遇了

绝不容许孩子在家庭中有特殊地位，如教育孩子不可吃“独食”，好的食品不可一人享用，必须家人共享；如过生日，家里长辈和孩子过生日的待遇一样，不可孩子过生日得买大蛋糕、送礼物，长辈生日无人问津。唯有这样，才能改变孩子的自私心理和不会关心家人的习惯。

2. 告诉孩子，不轻易满足你了

必须改变孩子要什么就给什么的做法。不少家长把满足孩子的需求作为求太平的手段，只要不吵不闹，孩子想看电视就看电视，想玩电子游戏就玩。这样，似乎孩子不吵不闹很太平，但这种教育方法，必然养成孩子唯我独尊、自私自利、不守规矩等坏习惯。

3. 告诉孩子，不可拖拉懒散了

家长必须明确家庭生活中的规矩，绝不允许孩子在饮食起居、学习作业中自由散漫、没有规矩，帮助孩子建立家庭生活中的规矩意识，改变孩子做事心猿意马、有始无终、得过且过、拖拉懒散的状态。

4. 告诉孩子，要培养自理能力了

家长要尽早培养孩子的自理能力，绝不能事事包办代替。可以要求孩子参与家庭生活中的简单劳动，培养力所能及的家务劳动习惯和能力。可以从饭前碗筷摆放、饭后餐桌收拾的劳动开始，再培养孩子打扫卫生、收拾杂物的习惯，和家人一起做好卫生劳动，分享家务劳动的快乐，养成勤俭、善良、上进的品行。

5. 告诉孩子，不会再袒护你了

家长必须统一家庭教育的观念，改变“爸爸管孩子、妈妈护孩子”“父母管孩子、爷爷奶奶站出来护孩子”的状况。没有规矩地“溺宠”孩子，孩子就像找到了“保护伞”和“避难所”，这不仅容易使孩子性格扭曲，还很有可能导致孩子是非观念全无，家庭教育也就完全失败了。

四、案例分享

1. 过分的宠溺之爱，导致家破人亡

2010 年间，美国国家运输安全委员会发布了托马斯一家死于直升机坠毁一事的真相。托马斯是一个亿万富翁，也是美国家喻户晓的“美国服务集团”创始人。2010 年 2 月 14 日，托马斯和妻子、5 岁女儿等人乘坐私人直升机，从亚利桑那州返回凤凰城豪宅途中坠机，机上 5 人全部遇难。事故发生后，有人爆料飞行员无证驾驶，事后警方从找到破损并修复的黑匣子中，读出了黑匣子里的数据。

黑匣子里的录音显示，托马斯的女儿登机后非要坐在副驾驶位置，托马斯只能将她抱到自己腿上坐着，但女儿并未安静下来，录音中托马斯好几次提醒女儿不要调皮。黑匣子记录的托马斯最后一段话是在女儿踢了飞机操作系统后狠狠批评她，随后就听到飞行员大喊“糟糕，操作系统失灵，飞机要坠毁了”，之后就再也没了声音。

2. 过分的宠溺之爱，造就了熊孩子

据 2018 年 8 月的一条新闻报道，一段“女童驾车”的视频被曝光在网上，拍摄的时间是 8 月 6 号下午 5 点，当天本是女童的母亲驾驶车辆，后因女儿在后排座位上吵闹不休，加上其父亲又特别溺爱孩子，最后才让孩子开了车。最终，女童的母亲被依法处以吊销驾驶证、罚款 2 000

元的处罚。

3. 过分的宠溺之爱，造成全家遣返

另据2017年8月的一条新闻报道，在某国际航班上，有一家三口去国外旅游，因座位没有排在一起，孩子挨着一位他国乘客。飞机起飞后，孩子不断用脚踢人、语言骚扰邻座乘客。邻座忍了一会儿建议其父母管教孩子，而孩子的父母没有采取任何措施。“熊孩子”持续骚扰了这位邻座乘客3小时后，邻座乘客忍无可忍终于爆发了，激动地骂了孩子的父母，这对父母回以激烈的辱骂，之后升级为大人们扭打斗殴、互掐脖子。在飞机落地后，该国海关执法人员最终裁决了“故意伤害罪”拒绝他们一家入境，次日凌晨遣返回国。

五、良方提示

每个家庭，都有各自的家道、家规、家风。我们希望全体学生的家长，通过《理性地爱孩子，才是真爱》的探讨、感悟和分享，在“五个告诉孩子”（告诉孩子，取消特殊待遇了；告诉孩子，不轻易满足你了；告诉孩子，不可拖拉懒散了；告诉孩子，要培养自理能力了；告诉孩子，不会再袒护你了）的基础上，优化家庭教育的方式方法。

1. 改变“特殊待遇、轻易满足”的做法

不少父母喜欢把好的事物放在孩子面前让其先选用，尤其是家里的老人，恨不得孩子要什么给什么，长此以往，孩子容易变得自私，会觉得东西得来得很容易，缺乏吃苦耐劳的精神，从而养成无所谓和不珍惜的性格。

解决途径：要让孩子知道老人和父母是家中的长辈，好的事物

有时也要长幼有序。可以通过《孔融让梨》的故事引导、教育孩子。

2. 改变“过分注意，包办代替”的做法

许许多多“421”的家庭把注意力全都放在孩子身上，一家人围着孩子转，生怕孩子吃不好、穿不好、玩不好，衣来伸手、饭来张口是常态。不少父母生怕孩子在外面吃亏，帮孩子做好所有的事情。家长事事包办代替，养成了孩子不动脑筋不动手的习惯，这样的孩子是不可能有出息的。

解决途径：孩子能做的力所能及的事情，应该让孩子自己做。积极鼓励和帮助孩子树立劳动光荣的观念，引导孩子体验“自己的事情自己做，家里的小事帮着做”的快乐。

3. 改变“生活懒散，当面袒护”的做法

当下孩子表现出来的“生活懒散”，都是家长允许孩子饮食起居、过度玩耍、学习无规律等做法所造成的。被宠溺过度的孩子，都是想怎样就怎样，缺乏自律、不求上进、得过且过的孩子。

解决途径：家长应树立正确的教育观，统一对孩子教育的要求，改变“父母管孩子、爷爷奶奶站出来护孩子”的状况，孩子没有了“保护伞”和“避难所”，就会逐步感悟并判断生活和学习中的“对与错、好与坏、是与非、利与弊”，就会树立起正确的价值观，就会去改正错误。

家规家训
谨记：无论什么时候都要保护好自己
一、自己的事情自己做…………独立
二、不能浪费任何事物…………节俭
三、做事情要持之以恒…………习惯
四、任何时候不能撒谎…………诚实
五、积极主动帮助别人…………热情
六、好的东西要学会分享………大气
七、遇到问题想办法解决………坚强
八、见人主动打招呼问好………礼貌
九、承担责任，做错了事情主动道歉……反思
十、大胆尝试，坦然接受挫折与失败……认知

（张　颖）

第四部分　和（讲和谐）

目标：优化家庭教育环境，促进家庭和睦，增强参与素质教育的意识和合力。

内容：

1. “熟悉的陌生人”变成“知心的好朋友”——做孩子的知心朋友
2. 建立真诚互信的亲子关系
3. 善用 GROW 模型，变孩子成长过程中的问题为目标

1. “熟悉的陌生人”变成“知心的好朋友”

——做孩子的知心朋友

家庭是孩子成长的摇篮，父母是孩子的第一任老师，父母的言行举止、性格态度将直接影响着孩子的健康成长。如果家庭中经常充满欢声笑语和健康、美好的情趣，孩子生活在其中，身心就能健康成长。因此，要想培养一个聪明智慧、人格健全的孩子，每一位家长就必须营造一个民主和谐的家庭氛围，做孩子的知心好朋友，给孩子一片健康成长的天空。

一、教育要点

【把握好孩子年龄与心理特点，做孩子的知心朋友】

父母与孩子建立健康良好的亲子关系，对于子女健康成长是非常重要的。家庭人际关系对孩子的人格和心理发展影响非常大，如果父母能够和孩子达到亲情融融，有任何想法都能和孩子畅通交流，那就不愁孩子不“听”你的话了。每一个孩子都有极其丰富的内心世界，如果父母不了解不同年龄阶段孩子的心理，即使是正确的建议也可能不被孩子接纳，或是表面接受，实际上却阳奉阴违。所以首要的是打开孩子的心，让孩子从内心接受你，而最好的方式就是成为孩子的知心朋友。

二、教育贴士

父母能给予孩子生命，但不能代替其生活。孩子不是父母的私有财产，也不是宠物和玩具。每一个孩子都是独立的、还在不断社会化的人，他们有自己的理想、追求、兴趣、爱好。他们可以是父母的助手和朋友，更是我们人生旅途中的忠实伙伴。这种认识会让父母淡化“父母”的角色意识，扮演好孩子的人生导师、生活教练、学习榜样、知心朋友、激励大师和坚强后盾等有助于孩子健康成长的其他角色。只有与孩子建立健康、平等、友善的关系，家庭生活中才会出现互相关心、互相帮助、互相信任的和睦亲情，才会协助孩子快乐地实现卓越人生。

跟孩子沟通时，家长习惯于对孩子的行为直接作道理上、规范上的评价和纠正，总觉得这是教育，这是对孩子负责任的表现。其实，这也会让孩子不愿跟父母沟通。亲子沟通首先要理解、接纳孩子的情绪情感，以同理的姿态跟孩子说话，这样的亲子沟通就不会变得费劲。孩子能否接受家长的教育，关键取决于孩子内心如何看待家长。如果孩子有了厌烦心理，就不会接受家长的教育引导，这种情况下，家长越喋喋不休地努力教育，孩子越不想听，教育就越没效果！

三、亲子互动

家庭教育中时常遇到和孩子沟通和交流不畅的场景。面对孩子的种种问题时，家长缺乏沟通的艺术和技巧，以至于骂也不是，打也不是，不知所措。其实跟孩子沟通需要正确的方法，其中的学问十分深奥。

1. 对问题导致的后果需要分析利弊

遇到问题时，家长不要给孩子“搞不好了”“学不会了”等笼统的概念，应该具体而清楚地分析问题的各种后果。通过孩子身边的事例，如故事书、动画片中的事例，或身边伙伴的事例等，分析“小洞不补、大洞吃苦”的道理，把问题与后果的利弊讲清楚，用极端的例子来警示孩子，用正面的例子来引导孩子。

2. 经常与孩子聊天是有效的办法

家庭生活中，父母如果善于和孩子聊天，不仅可以随时掌握孩子的思想动态，还可以针对性地因势利导，同时还可以培养孩子完整、有序地叙述事情的习惯，提高孩子的语言表达能力。家长与孩子聊天要本着平等、亲切、真诚、爱护的原则，这样孩子会认为你是最可信赖的长者，就会敞开心扉向你倾诉内心的一切，包括有趣的事和困扰的事，父母就会对孩子有充分了解。聊天的内容，要以孩子为中心，选孩子感兴趣的话题。如谈谈学校中、同学间发生的事，并让他们说出自己的看法，以便提高他们的分析能力和识别能力。家长可以作一个全面正确的总结，谈谈自己的看法，切忌忙于对他们可能不正确的看法加以指责或打断，这样就会削弱他们聊天的兴趣。

3. 给予孩子敞开心扉时间与空间

每天的生活、学习、活动的经历，都会引发每个孩子自己的想法，家长要让孩子有独特想法，不要武断否定孩子的想法。让孩子有时间、有空间做自己的事，体验成功的喜悦、失败的痛苦。给孩子自由，父母就能在孩子独立思考中培养自我管理能力，也能引导孩子在走向独立中获得自信。尽管孩子每天都会遇到各种生活、学习、活动中的问题，也会犯一些他/她这一年龄段必然会出现的错误，但严厉批评中要有爱、严格要求中要有情、严肃惩罚中要有法。每个父母若能做到“严中有爱、严中有情、严中有方、严中有法”，就能起到最佳的家庭教育作用和功效。每个孩子都会担心失去父母的爱，所以家长的批评最好从谈话开始，千万不要过早地下结论或横加指责，以避免孩子关闭心灵的窗户，拒绝沟通。

4. 遇到问题请给孩子申辩的机会

遇到问题给孩子申辩的机会，是培养孩子自主意识的极佳契机。孩子的申辩还能够使家长知道孩子真实的想法，更为重要的是让孩子知道你是尊重他的，这比什么都重要。遇到问题时，家长尽可能在引导中使用一些“是否应该”“是否可以”等的词语，尊重孩子，在态度上以朋友相待，走近孩子才能更好地了解孩子的感受和思想。做孩子的“知心”朋友，需要放弃一些家长的权威，需要改变一些控制孩子的意愿，需要在引导中给予孩子申辩的机会。唯有这样，才能达成解决问题的共识。

5. 家庭教育需要把握孩子的情绪

每一天的家庭生活中，孩子有高兴的时候，也会有烦恼的时候。当孩子高兴的时候，容易接受父母的“大道理”；不高兴的时候，哪怕你说得再有理，也听不进去，且容易发倔脾气，一味地数落、责怪，只会让孩子产生自卑和逆反心理。为此，在家庭教育中，家长首先要对孩子的进步给予表扬和鼓励，在此基础上对其过错予以利弊分析与正面引导，让孩子心甘情愿接受父母意见后达成纠正错误的意愿。每一个孩子都是聪明且“拎得清”的，父母跟孩子说的话，一定要合情合理，不能武断。如果父母说话的语气、态度、用词等远离孩子所能接受的范围，那就会适得其反并完全背道而驰。父母如能和孩子建立起心灵的桥梁，就能成为其最知心的朋友。那这一种“知心朋友”的亲情关系，必然成为家庭教育的最佳武器。

四、案例分享

家庭生活中时常会有各种误会，而家庭成员之间的误会，多半是因为不了解各自的想法而产生的，也是因为缺乏有效的沟通。家庭生活中，如果没有平等交流就会伤害亲子的感情；反之，如果父母学会与孩子做朋友，很多问题就会迎刃而解。

1. 真实案例

即将步入青春发育期的小罗同学今年十二岁了。在罗爸爸的眼里，小罗的毛病不少，做事拖沓，把大量的时间花在玩电子游戏上……而且，因为长时间玩游戏，小罗同学的视力受到影响，现在已经戴上了八百度的近视眼镜。罗爸爸看在眼里，急在心里：孩子如果不改掉这些坏习惯，不好好学习，不掌握一技之长，将来如何在社会上立足呢？于是罗爸爸把小罗管得更严了，经常在小罗耳边唠叨。可慢慢地，罗爸爸发现小罗越来越不喜欢待在家里了，周末也总是找借口，早出门，晚回家。在罗爸爸的一次又一次“管教”下，小罗的脾气也越来越暴躁，有时候罗爸爸刚说几句，小罗就会咬着牙，冷冷地吐出一个字：“滚！”听到孩子这样说话，罗爸爸惊得目瞪口呆。

2. 问题剖析

很多父母都把自己的权威看得很重，从不去了解孩子的想法，一心望子成龙，却不能与孩子很好地沟通，忽略孩子的年龄特点，单方面地向孩子提出过高的要求，给孩子造成了很大的心理压力。很多父母面对这样的结果，不仅没有认识到自己教育方式的失误，反而对孩子施以更严重的惩罚，最终导致孩子与父母的关系越来越僵，孩子犯的错误也越来越多，这是因为父母没有做孩子的朋友，没有与孩子进行良好沟通导致的结果。

父母学会了跟孩子做朋友，就能了解孩子的心情什么样，对事情有什么样的看法，以及对父母有何意见等。父母如能与孩子及时沟通，就能够更深入地了解和理解孩子，更清楚地知道应该从哪里入手教育孩子，运用什么样的方法更为合适。对于孩子的迷惘，父母也能够给予及时的引导、疏导和指引，让孩子少走弯路，避免或减少不良后果的产生。

五、良方提示

学会与孩子做朋友，对许多父母来说，不是一件简单的事情。那么父母应该怎么做呢？教育专家给出了以下几点建议：

1. 学会尊重孩子的意愿

方法示例

一天，林林的妈妈对他说："从明天开始，我们要把你送到爷爷家里住一个月。到了那里一定要听爷爷奶奶的话，不要惹他们生气，知道吗？"

听到妈妈的话，林林很吃惊，接着大声地反对："为什么要把我送到爷爷那里？我不去！"

"不去不行，这个月爸爸和妈妈都要出差，没有人照顾你！"妈妈生气地对林林说。

"为什么你们不问我愿不愿意呢？我不想去爷爷家！"林林难过得快要哭了。

"大人决定的事还要问你同不同意，你懂什么啊？这事不管你同不同意都得这样，我和你爸爸都出差，总不能把你一个人放在家里吧？"妈妈一脸怒气地对林林说。第二天，林林被妈妈送到了爷爷家里，他有一种被抛弃的感觉，他开始恨妈妈了。

操作提示

孩子也是家庭的一员。当遇到事情尤其是和孩子密切相关的事情时，父母应该征求孩子的意见，并尽量尊重孩子的意愿，而不是总以为孩子太小，根本没有思考问题的能力，即使跟他们商量也没有用。尊重孩子的意愿，遇事经常和孩子商量，不仅因为孩子有权知道自己的事情，更是对孩子的分析和判断能力的培养。

2. 多与孩子进行心灵上的沟通

方法示例

王强是个倔强的孩子，只要是自己认定的事情，都会坚持到底。此外，王强还有一个特点，就是犯了错误时，明知道是自己的错，但如果父母采用强硬的态度，强迫他如何去做，他绝不会听从。

王强的父母对孩子不正确的言谈和举止，从不采用命令的口气让孩子改正，也不采用强迫的方式，而是通过与孩子心平气和地交流，引导孩子认识到自己错在哪里，使孩子自觉自主地改正错误。

因此，虽然王强性格倔强，但由于父母有与他做朋友的态度，对他进行引导而不是命令，王强也成了一个性情平和的好孩子。

操作提示

如今不少父母忙于工作，把孩子交给保姆，交给老人，并往往以买玩具、买衣服、给许多零用钱作为补偿。其实孩子最需要的是父母对自己的关心，与自己做思想上的交流。与其花钱买名牌用品、高档玩具给孩子，不如多花时间与孩子谈心、交流，这才是父母给孩子的最宝贵的财富。

3. 尊重孩子作为家庭成员的地位

方法示例

赵莎莎家最近准备买一套新房子。爸爸妈妈看了许多楼盘后觉得有两套房子比较中意，但爸爸妈妈两人对这两套房子的意见却不一致。一天，夫妻俩又因为房子的事情争执起来。这时候，上小学四年级的女儿赵莎莎终于忍不住了，大声对他们说："你们要买房子怎么从来都没有征求过我的意见呢？"两个人立刻停止了争吵，奇怪地看着赵莎莎，半天没说出话来。

"你能有什么意见，小孩子懂什么？"爸爸首先从惊异中醒过神来。"就是，买房子是大人的事，你管这么多干什么？"妈妈接着说。"买房子是全家人的事，我也是家里的一员，为什么不关我的事呢？"赵莎莎反驳道。爸爸妈妈哑口无言。过了一会儿，妈妈对赵莎莎说："好孩子，你是我们家庭里很重要的一员，我们确实应该尊重你。好吧，你也来参加我们的讨论吧。"

经过讨论和商量，关于买房他们终于达成了最终协议，而且还赢得了女儿对他们的好感。

操作提示

赏识孩子就要尊重孩子的意愿，让孩子有知情权和参与权，这样才能让孩子感觉到其在家庭中的重要性，从而建立起对家庭的责任感，培养他们的主人翁意识。对于父母来说，对孩子的尊重是了解孩子最好的途径。如果父母尊重自己的孩子，孩子反过来也会尊重父母。只有父母想了解孩子的想法时，孩子才会大胆地告诉父母。

父母应该随时记住孩子是家庭中的重要成员，遇事主动征求孩子的意见；当孩子表示不满或者反对的时候，应该心平气和地给孩子解释，争取得到孩子的理解，而不能强迫孩子服从，甚至斥责孩子。

4. 每天多抽点时间陪伴孩子

方法示例

赵世豪的父母是做生意的，虽然每天进货卖货都很忙，但他们明白孩子需要父母的陪伴，所以不管有多忙，两个人每天都会轮流陪伴孩子，哪怕因此少赚些钱，他们也不在意。

有一个星期天，赵世豪的父亲准备带孩子去游乐场玩，这天的生意由赵世豪的母亲打理。正当赵世豪与父亲要走出家门的时候，母亲却给父亲打来了电话，说有一批比较便宜的货，质量很不错，如果抓紧时间去进货，会有机会比平常多赚一倍的钱。

当父亲接电话时，赵世豪站在旁边听见了父母的对话，失落之情在脸上明显地表现出来。赵世豪的父亲看着儿子失落中含着期待的眼神，毅然决定放弃这次赚钱的机会，带着儿子去游乐场度过了开心的一天。

操作提示

父母无论有多忙，每天都应该抽出一定的时间来陪伴孩子。因为只有陪伴在孩子身边，父母才能满足孩子对亲情的需要，孩子才能体会到父母的爱。也只有多陪伴孩子，父母才能够更多地了解孩子的状况，给予孩子及时的关怀和帮助，让孩子快乐地成长。

和谐的家庭是世界上的一种花朵，没有东西比它更温柔，没有东西比它更优美，没有东西比它更适合于把孩子的天性培养得乐观、正直、坚强。家庭是孩子日常生活中最理想的港湾，它既是遮风挡雨的寓所，也是孕育希望和放飞理想的锚地。宽松和谐的家庭氛围，有益于孩子消除疲劳、紧张和烦恼，从而使家庭成为孩子前进的加油站，不断为其注入健康成长的生机与活力。

（孙　红）

2. 建立真诚互信的亲子关系

在我们的传统观念中，家长总是意味着权威，并作为统治者在家庭中处于领导核心地位，对孩子的一切有着理所应当的干涉或者惩罚的权利。孩子在家里很少有发言权、参与权，孩子的意见也是不重要的，其成长道路往往被父母安排好了，根本没有选择的余地。在这种权威型家庭中，父母对孩子的要求就是听话、懂规矩。在过度保护中成长的孩子，往往习惯于依赖父母，缺乏独立思考能力和创新意识，做事没有主见，而且心理承受能力弱，容易因挫折而灰心丧气，甚至焦虑不安，社会适应性差。

一、教育要点

【父母与孩子的关系不是控制或宠溺关系】

家是孩子童年幸福的港湾和人生的出发地。一个孩子的一生中可以有很多老师，但他/她的父亲和母亲无人替代。

父母是孩子走向未来的导师和助手，不仅要肩负他们的衣食住行，还要关注他们的心理健康。父母对孩子的教育渗透于生活的方方面面、时时处处，且是长期浸润的。不管父母是否意识到，家庭教育的影响真实存在，也将对孩子的发展产生潜移默化的影响。

林语堂先生说过："人生最重要的关系是父母和子女的关系。"可以说，亲子关系的质量远比任何一种教育方法都重要，它将直接影响青少年一生的发展水平和学校教育的功效。因此，建立良好的亲子关系尤为重要，它将直接决定孩子未来的发展状况。

二、教育贴士

健康的亲子关系培养过程，也是父母陪伴孩子走入社会，完成个体心理社会化的过程。孩子的成长过程中，在不同的年龄阶段需要解决不同的矛盾，因此每一阶段的亲子关系中，父母所担当的角色和所起的作用是不同的。

小学阶段的孩子开始接受正规的学校教育，越来越多地参与到集体活动中，社会化要求提高，自我意识进一步发展，而且有了一定的自我评价能力。特别是有了学习任务的要求，孩子开始追求来自他人的认可与奖励。因此，这时家庭教育的主要任务是培养孩子的积极、主动、勤奋和自信。当孩子在学习和其他活动中取得进步时，来自父母的积极的认可和评价将有助于培养他们自信、乐观和勤奋的人格。

随着孩子的年级升高，亲子关系发展的另一个显著特征是父母对孩子的控制力明显减弱。按照心理学家麦克斯白的儿童发展三阶段模式，亲子关系已从父母控制阶段（6 岁以前）发展到共同控制阶段（6—12 岁），父母的职责之一就是在一定距离里监督和引导儿童的行为。因此，这一时期父母应该更多地让孩子参与到家庭生活的一些决策中，让父母与孩子的关系逐渐转变为朋友式的平等关系，让孩子在家庭中既能体会到父母之爱，又能感受到朋友式的支持和理解。

三、亲子互动

家庭教育的核心只有一个字——爱。但在许多亲子关系紧张的家庭中，家长往往出于让孩子“少走弯路、少碰壁”的想法，错误地通过控制孩子来表达自己的爱或是对爱的需求。那家长如何正确表达自己对孩子的爱和期待呢？

1. 这里是温暖的家

爱是给孩子构建安全感的最强大的工具。内心安全指数高的孩子所呈现出的快乐感和自信度也是非常高的，并更能坦然、坚强地面对挫折和困境。但不是所有父母都懂得如何去爱孩子，不是所有的父母都有爱的能力。正确的爱，需要包括几个元素：

首先是和谐的夫妻关系，包括双方平等的互动交流。很多家庭都有那种一方强势、另一方迁就的现象，孩子能感知并顺应形势，这对孩子的心理建设和精神健康会起到误导使用。父母不应该在孩子面前争吵和发生冲突，家庭中过多的争吵，会给孩子带来极大的恐惧感，影响其身心健康成长。父母在孩子面前谈论话题的价值导向，将影响孩子一生的行为和思维导向以及价值观。所以在日常的家庭生活中，父母除了营造和谐与互相尊重的氛围外，双方还要在教育立场上保持一致，这些和谐、温馨的家庭环境，是催生孩子内心安全感的核心因素。

其次，父母直接表达的爱不应是含蓄和模糊的。父母应该经常拥抱并告诉孩子：我爱你！这是很多中国传统父母容易忽略的“语言＋行动”爱的形式。所有的孩子都是需要通过听和看来感知爱，进而建立内心的安全感，而传统的、含蓄的爱以及用责备来表达的爱，给孩子带来的往往是不安甚至是伤害。

再次，父母表达的爱可以多一些赏识孩子的爱。赏识并不等同于表扬加鼓励，指的是赏识孩子的行为结果，以强化孩子的行为；是赏识孩子的行为过程，以激发孩子的兴趣和动机。父母应该注重孩子的优点和长处，改善和孩子交流的方式，用积极向上的话语去引导孩子。在孩子表现好的时候，父母应该由衷地赞扬和鼓励；在孩子遇到困难和挫折时，父母应该有温暖的理解和支持；在孩子有需要和需求的时候，父母应该及时出现和回应；在孩子做错事的时候，父母应该有正确的引导和提醒。

此外，父母应管理好自己的期望值，不要强求孩子做超出能力的事情，不要动不动就拿孩子与少数的优秀者作比较，因为“被比较”对孩子以及成人都是致命伤，会让人产生被否定、被抛弃的感觉，而这感觉将会消耗人的战斗力和自信心。

2. 给孩子发表意见的机会和权利

人们常说要与孩子做朋友，可朋友是平等相处的。现实生活中，有许多父母虽然摆出一副做朋友的架势，但在实际中却占据着心理、身份上的优势。身份的不对等让平等的对话关系难以实现，往往导致父母与子女之间相互理解的可能性降低。缺乏心灵上的相互沟通，隔阂就此出现，容易给良好的亲子关系蒙上一层阴影。

正确的沟通策略是用正面的语言传递你的意图。责备、讽刺、反问的语言，所带来的效果就是刺激和嫌弃，孩子跟大人一样不喜欢被挑战，不喜欢被比较。耐心地听孩子把话说完，仔细地听并且用认真地表情和语言积极回应，会让孩子感觉得到重视和尊重，这些会帮助孩子养成喜欢沟通、主动沟通的习惯，更有利于让父母及时感知到孩子的内心世界，并根据情况采取巧妙的干预，让孩子健康成长。

父母应该给孩子发表意见和自主的权利，只要孩子自己能做的事，家长就不要代劳，让孩子自己拿主意。父母可以按照孩子不同年龄段的特点，教他们去做力所能及的事情，这既保持了孩子的新鲜感，也满足了好奇心，同时又培养了孩子的生活能力。当孩子犹豫不决的时候，家长可以在一边当参谋，但最后仍然要让孩子自己做决定。

3. 权威性的建立引领孩子行为规范

父母权威性的建立，体现在合理地限制和管束孩子上，这可以培养孩子的责任感和规则感。在限制和管束孩子的时候，一定要把约束的原因解释给孩子听，同时要在家庭里保持教育观点的一致性。

父母权威性的建立，并不影响良好的亲子关系。尽管我们知道好的亲子关系建立在多鼓励少批评、多认可少责备中，那不代表父母不要权威。因为盲目的赞扬和认可会让孩子失去是非标准和判断，长期的掩耳盗铃将令人失去正确的自我认知，反而不利于孩子的成长。所以面对孩子的不当行为，不是不能批评，而是要正确和及时地批评。要告诉孩子什么可以做，什么不被允许，让孩子明白批评是因为爱，是因为父母想让你成为一个好孩子，那样将会令孩子接受父母的权威并赢得更多的喜爱和认可。

人的本能都是希望能得到认可的，孩子更是如此，他们几乎每天在搜集别人对自己的反馈中改变自己的行为方式。所以，我们要用及时的鼓励，让孩子明白什么样的行为和思维是被认可的，同时我们要设法在不造成挫败感的前提下，用平和的语气、温柔的坚持让孩子知道什么是要杜绝的。

四、案例分享

看着天天带回来的考卷，妈妈的脸色很不高兴，她问了天天其他同学的成绩后更加不满，指着天天大声呵斥："你看看你！怎么才考了个'良好'?！啊？林林和晨晨都是'优秀'，你怎么就考不到？你怎么就那么笨？不好好学习，你能有什么出息？和你说过多少次了？上课的时候不能开小差！不能开小差！做卷子的时候一定不要粗心！你怎么就记不住？不行，看来得给你报两个补习班，好好地补一补！画画班、滑轮班什么的就别去了！"

天天低垂着脑袋，一言不发地挨骂。

人生总不免遇到困难与挫折，在孩子遇到挫折的时候，父母应该怎么做？天天妈妈的指责固然是出于一片爱子之心，但实际上却只会让孩子低落的情绪“雪上加霜”。更恰当的做法是适度表达自己的情绪——“天天，看到你今天的成绩，妈妈心里挺失望的。”

请永远牢记：“每个孩子都是独一无二的。”不要将自己孩子去与优秀者比较，可以比较的唯有自己本身。所以，天天妈妈可以这么说：“妈妈觉得之前一段时间里你学习的劲头有些退步了，是不是画画班和滑轮班占用你太多的学习时间了？还是有别的原因？”

每位父母都应该知道，和孩子一起寻找解决问题的办法，才是失落中的孩子更需要的，别忘了最后给孩子一个拥抱，告诉孩子“有困难不怕，爸爸妈妈一直都在”。

五、良方提示

如果父母想要把自己所有的生活经验、人生感悟、价值观和生存技巧传递给孩子，就一定要从建立和谐、牢固的亲子关系做起。教育的行为只有在和谐美好的亲子关系中才能得以有效实施，教育的内容只有在平等融洽的心灵沟通中才能得以传递，而尊重与信任是建立高效亲子关系的重要基础，良好的亲子关系则是成功教育的保障。

那么，家长如何才能构建一个良好的亲子关系呢？在此给大家几点建议：

1. 试着把“如果……怎么办”改为肯定句，并寻找反证

例如：“如果孩子性格内向，将来可怎么和别人竞争？”改为“孩子性格内向，以后踏上社会百分百竞争失败”。针对这样绝对化的肯定句，我们可以从熟知的名人中找到许多反驳的证据。成功与是否性格外向并没有必然的关系。

2. 试着把“不成功”就是“失败”，改为“百分比的进度条”

每次默写总是错两三个，似乎永远都默不全对，父母常常为孩子的学习成绩焦虑火大。面对孩子这样的“失败”，可以试着用“百分比的进度条”的方法来解决。例如 20 个单词的默写，错了 10 个，那么就是 50%成功，进度条走了一半。父母如果能看到这 50%的成功，就不会在安慰孩子的时候不经意间流露出沮丧的表情和语调，而孩子就会在沟通中真正感受到父母对自己的接纳。

3. 试着表达你的感受和想法

亲子沟通时，父母需要去站在孩子的角度，试着去理解他们的感受与想法，可以把自己理解到的反馈给孩子，得到孩子的确认后，再表达自己的想法。句式是：“我感受到了你的委屈（愤怒、伤心、郁闷……）你是因为……而这样的，是吗？”先与孩子共情，感受并替他/她表达出他/她的情绪，再加上自己的理解与孩子确认。这样的沟通方式能让父母更准确地理解孩子，也让孩子在与父母的交流中学会如何更好地表达自己，在潜移默化中教会孩子如何与他人有效沟通。

作为每个人来到世间的第一个人际关系，亲子关系对孩子的身心健康十分重要，甚至关系到性格的形成、品质的培养、意志的磨炼、与人交往的模式建立……影响之广泛，不可小视。良好的亲子关系，能让孩子从父母那儿获得成长的力量，能够完全地去释放和建构自己，释放自己的生命力。这样的孩子，怎么会不优秀？

（曹　静）

3. 善用GROW模型，变孩子成长过程中的问题为目标

每一个孩子在成长过程中都渴望得到最幸运的礼物，那“最幸运的礼物”是什么呢？最幸运的礼物应该是学校教育和家庭教育的有效协同，帮助孩子激活自己的潜能，实现茁壮成长的“每一个小目标”。为此，父母要帮助孩子不断发现问题，不断确立发展的小目标，通过“目标管理”实现问题的解决。目标管理是我们每一个人每年、每月、每天最重要的事情，只有有了清晰的目标，我们才能够有的放矢，抓住重点，实现最大的效益产出。

通常而言，不少父母会因孩子不断出现这样或那样的问题而焦急，更因问题不能有效解决而焦虑。焦虑的家长，深深陷在家庭教育的问题之中，被问题缠绕而动弹不得。破解的通道就是运用“GROW模型”，做教练式父母，把问题转化成切实可行的目标，运用“教练技术”走出问题沙漠，构建目标绿洲，从而优化家庭教育方法、策略和环境，促进孩子的问题解决。

一、教育要点

【善用GROW模型，变孩子成长过程中的问题为目标】

每一个孩子在成长过程中都会出现这样或那样的问题，总体而言，独生子女在成长中出现的问题无外乎娇生惯养与心理的问题，隔代教育与日常生活的问题，学习方法与作业习惯的问题，文明礼仪与行为规范的问题等。孩子在成长过程中出现的问题并不可怕，可怕的是家长用不科学的方法来“解决问题”，结果导致了更多的问题。为此，每一位家

长如能在家庭教育中掌握“科学＋艺术＋创新”的方法，严中有爱、严中有方地解决问题，那对孩子的茁壮成长是何等的重要。

我们分享一个“解决孩子成长过程中的问题”的方法，即“教练式父母”，善用GROW模型，变孩子成长过程中的问题为目标。家长们如能“科学＋艺术＋创新”地运用“GROW模型”，就能优化家庭教育心理环境，纠正孩子成长过程中出现的问题，促进家庭成员之间的和睦，达成学校教育与家庭教育的协同一致。

二、教育贴士

GROW模型是英国人约翰·惠特默在1992年提出的“企业教练”领域使用最广泛的模型，它来自一个决策四阶段模型的英文缩写，即Goal（目标）、Reality（现状）、Option（方案）、Will（意愿）的英文单词首字母，属管理学范畴。

针对孩子成长过程中出现的问题，很多家长没有弄清楚一个事实，那就是孩子出现问题是有原因的，要让孩子懂得“小洞不补大洞吃苦”的道理，也要让孩子学会为自己的学习以及以后的人生负责。如果家长没有对症下药的督促、监督孩子改正缺点等，其作用也是不大的。针对孩子成长过程中出现的问题，家长可以在家庭生活很多方面运用GROW模型，做孩子成长的教练。GROW模型的主旨意为G（Goal Setting）：确认孩子学习、行为目标；R（Reality Check）：厘清（问题）现状，减少某些事情（非理性）的干扰；O（Options）：寻找解决问题的方案，从内心找到对应的办法；W（Way Forward）：制定行动计划并确定完成时间，帮助孩子成长。

一是询问孩子的梦想是什么，让孩子先说出自己的一个梦想，并且问孩子打算什么时候实现这个目标、梦想（G目标）。家长不要去评价、批判和否定孩子的梦想，否则孩子非常有可能拒绝跟你沟通，或者跟你吵起来，最后不欢而散，最终没有达到沟通的效果。

二是询问孩子现状是什么，哪些是令他/她烦心的事情，为了解决这些事情，他/她做过哪些努力，效果怎么样（现状 R）。

三是询问孩子为了实现梦想使用过什么方法，别人有没有遇到过相似的情况，他们是怎么解决的。问问孩子还有没有其他解决问题的办法（选择 O）。

四是问问孩子下一步打算怎么做，什么时候采取下一步行动最好，下一步的行动是什么，孩子的梦想需要谁的帮助和支持（意愿 W），能不能得到那些人的支持，如果他们支持的话，梦想能不能实现。

家长可以引导孩子通过努力学习来实现梦想，家长不要直接告诉孩子答案是什么。孩子是一个有独立思考能力的个体，要学会尊重孩子的意愿，尊重孩子的思考，让他们学会自己独立思考，对自己负责。

三、亲子互动

GROW 代表“辅导”的一个程序：作为家长要向孩子陈述你的（教育）谈话目的，不要让孩子觉得云里雾里，所以要清楚向孩子陈述谈话的目的。

第一步 G，互动谈话的目标：通过启发式的互动交谈，帮助孩子找到自己真正期望的目标。

第二步 R，家长发现的问题：要求孩子分析原因，关键是家长需要心平气和地倾听，避免盲目下结论。

第三步 O，解决问题的方案：最重要的是要询问孩子对问题的看法以及如何解决问题，共同形成解决问题的方案；通过亲子之间的互动交谈，鼓励创造性思考，还有没有更好的做法以及怎样去做。

第四步 W，商讨行动的计划：家长与孩子共同制定下一次检查与反馈的时间，给予孩子不断的支持与充满信心的鼓励，达到解决问题的目的。

四、案例分享

良好作业习惯的问题

疫情期间，明明在家上网课后，完成作业速度很快，但经常做错，明明父亲每天检查作业本，都会查出“不该犯的低级错误”。发现问题后，明明父亲尝试用 GROW 模型来让“良好的作业习惯”问题成为目标。

1. G：明明父亲下定决心后，找明明谈话，指出他在完成作业中的问题，帮助孩子树立减少低级错误的期望与目标。

2. R：明明父亲要求孩子分析作业心不在焉、马马虎虎、粗心大意的原因。

3. O：针对“作业习惯”问题，通过亲子之间的互动谈话，提出了改变问题的可能性，达成解决（作业态度不认真、心不在焉、马马虎虎、匆匆了事、盲目追求速度快、贪玩游戏）问题的方案。

（1）帮助明明安排作息时间。让孩子学会“专时专用”，玩要玩得舒心畅快；做作业时要专心致志、绝不分心。保证孩子有足够的娱乐和休息是不可忽视的。

（2）支持明明认真仔细的作业愿望，找到方法养成习惯。仔细看题目，认真想问题，做作业先是求对、好，然后才是求快。每天作业时“审题三遍，再动笔”，养成认真审题、认真复查的好习惯。

（3）为明明准备一本错题集，因粗心而做错作业时，让明明在错题集中把错误记录下来，同他一起分析做错的原因，并找出规律。

4. W：用目标激励的方法形成行动计划，父亲与明明一起制定减少

“×”的近期目标，并辅之以奖励措施。如：本周或今天作业本上有五个“×”，下周或明天要求减少一个“×”就能得到奖励。第二天起，父亲与明明共同检查与反馈作业的情况。父亲给予明明不断的支持与充满信心的鼓励，直至消灭“×”达到问题解决的目的。

五、良方提示

与孩子交流可以这样：

1. 解决问题，你想要达成的具体目标是什么？
2. 要达成这个目标，你的现状是怎样的？
3. 到目前为止你采取了什么行动？
4. 你已经拥有哪些资源（技能、时间、热情、支持等）？
5. 为了达成目标，你能做些什么？
6. 你有哪些选择？
7. 还有其他什么资源和选择呢？
8. 在这件事情上，希望谁能帮助你？
9. 对于采取的行动，你的承诺是怎样的？
10. 你需要什么支持？从谁那里获得支持？
11. 你将如何获得这种支持？
12. 我能做什么来支持你？
13. 你能做些什么来支撑自己？
14. 你对解决问题并自己承诺能够做到的是什么？
15. 你的理解中，确定能够做到“问题解决”的标志是什么？

如果能够清晰地回答上述问题，就能够更加精准地设定要达成的目标，厘清问题现状，找到达成目标的最佳方案，并且全力以赴去帮助孩子采取行动，实现家庭教育的转型。教练式父母可以帮孩子把成长过程中的问题变为发展的目标！

（邵　红）

比德好家长，相伴共成长
——2020年上海市徐汇区第一中心小学家庭教育示范校自评报告

（陆培贤　严斎翔　唐益玲）

代后记

徐汇区第一中心小学位于上海的中心城区、徐汇区北端的复兴中路上，创办于1912年，原名“上海市立比德初等小学校”，是一所百年老校。“比德”两字，近取当时比邻的“德文学堂”（意在对比德文，超越德文）；远含孔子儒家思想“君子比德于玉焉，温润而泽，仁也”的深邃意境。学校现有22个教学班，在校学生956人，教职员工66人。

近年来，学校本着“比德于玉，致和求精”的办学理念，以培养“以玉立德”的比德人为育人目标，贯彻落实素质教育，重视学校文化建设和学生的全面发展，不断提升学校的教育教学质量和社会影响力，成为徐汇区第一批新优质学校，获得上海市依法治校示范校、上海市行为规范示范校、上海市红旗大队、上海市优秀童谣征集推广活动示范基地、徐汇区见习教师基地校、区科技特色学校、艺术教育特色项目等一系列可喜成绩。

学校所在的天平街道地处上海历史文化保护区域，是城市文脉的发源地和承载区，是拥有红色记忆、百年人文的文化高地，有着丰厚的历史人文底蕴和教育资源。作为一所公办学校，学校对口地段的家庭主要是上海本地人和人才引进的新上海人，总体素质较高，有较先进的教育理念，对学生未来发展有较高的期待，因此对教育质量的诉求也较高。同时学校家长资源比较丰富，也乐于参与学校的各项教育教学活动。因此，学校把

“比德于玉，致和求精”的办学理念与家庭教育进行有效链接，拓展家庭教育的内涵，强化以德行育人，以文化育人，形成了“比德好家长，相伴共成长”的家庭教育特色。

一、完善保障体系，打造家庭教育新生态

（一）以规划引领家庭教育前进方向

学校深刻体会到，孩子受教育的过程是家庭、学校、社会三方共育的过程，孩子发展的情况也是家庭、学校、社会三方共同作用的结果。因此，家庭教育工作是学校整体教育工作的重要组成部分。

为此，学校将家庭教育作为一项重点工作内容纳入学校章程中，依法保障了家长对学校办学活动和管理行为的知情权、参与权和监督权。在学校的五年规划当中，学校进一步从学校整体发展的高度明确了家庭教育工作的功能定位和年度目标措施，保证家庭教育工作的整体推进和阶段落实。学校每学期的工作计划中都有家庭教育工作的具体要求和任务，保证目标措施的达成度，真正做到了统筹规划和具体落实的环环相扣。在规划的引领下，学校近年来一直在探索开展“家校携手，同建比德育儿共同体”的实践，积极争创“上海市家庭教育示范校”的称号。这既是我们努力的方向，也是检验我们工作的标准。

（二）用机制保障家庭教育扎实落地

为保证家庭教育工作规划和具体工作的有效落实，学校建立了由校长兼书记担任组长，副校长、家委会主任、德育教导担任副组长，教学教导、大队辅导员、居委会主任、家委会副主任等担任组员的家庭教育工作领导小组。通过清晰的组织架构，做到分管明确，职责到位。家庭教育工作领导小组定期召开会议，共同对家庭教育工作进行规划、组织实施、指导和评估，以此增强家庭教育工作的管理实效。

上海市徐汇区第一中心小学家庭教育工作组织架构：

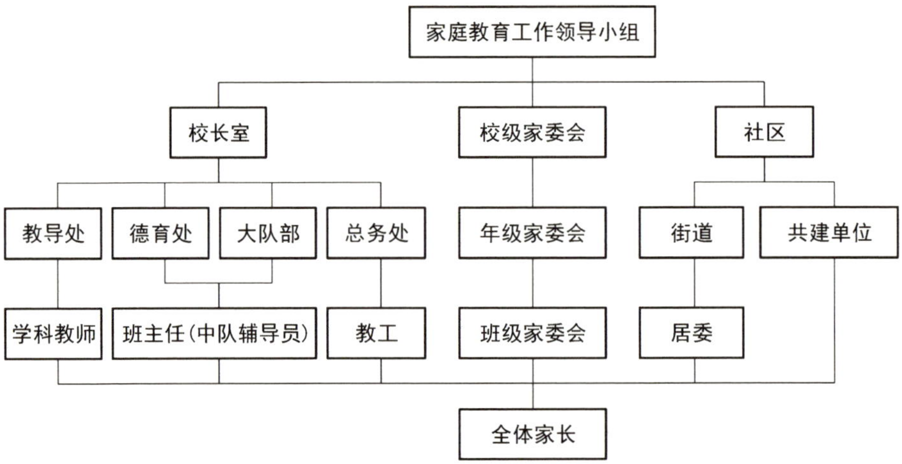

家庭教育工作领导小组工作职责：

分管部门	主要职责
校长室、党支部	全面负责行为规范工作的领导、组织与管理工作
德育处	分管具体落实行规教育工作
教导处	负责落实课程教学的行规教育
大队部	负责组织行为规范活动的开展
总务处	做好行为规范活动开展的后勤保障工作
居委会代表	负责协调社区教育力量，提供行为规范指导
学校家委会	负责协调家委会参与行为规范工作，协助学校做好专题家庭教育的组织等相关工作

学校家庭教育领导小组规划布置的各项工作，主要由学校家庭教育核心教师团队、班主任团队、家委会成员团队和社区资源团队分工落实。学校家庭教育核心教师团队由德育教导、教学教导、大队辅导员、年级组长等中层和骨干组成，具体负责各项家庭教育工作的管理落实。班主

任和家长的接触最为密切，他们组成了学校家庭教育工作的一线骨干队伍，负责直接开展家庭教育各项具体工作。家委会是家校沟通的桥梁。通过校级、年级、班级三级家委会工作脉络，家委会成员团队担当起协调家长资源、推进家校工作的职责。社区和相关的共建单位团队在分享社区资源、提供专业帮助等方面具有优势，极大丰富了家庭教育的资源和形式。

随着家庭教育工作的深入开展，老师们的工作量也大大增加。为调动老师参与家庭教育工作的积极性，学校将教师参与家校合作、开展家访、在家长学校授课、组织家长开展家庭教育实践活动等事项作为工作考核内容之一，在《绩效工资分配方案》中详细列明，并向班主任团队倾斜，激励班主任积极参与课题研究，形成经验总结。

学校还充分整合家庭、社区资源，与社区内嘉善居委、徐汇区中心医院、上海交响艺术教育集团艺校等多个单位签订了共建协议，定期安排召开家校工作联席会议，充分听取意见，完善家庭教育方案，尽全力共同优化合作共育的环境，努力打造“家—校—社”家庭教育协调共建机制。

（三）凝众力加强家庭教育队伍建设

学校里人人都是德育工作者。要落实好家庭教育工作要求，离不开一支有理论有方法的家庭教育师资队伍。通过专题培训，提升教师的家庭教育指导能力，也是学校家庭教育工作内容之一。

学校把家庭教育指导能力纳入到校本培训课程之中，通过邀请市区家庭教育专家、学校校本培训、开设专题讲座和论坛互动等形式，进行学校家庭教育工作的全员培训，从而引导教师不断更新家庭教育理念，切实提升工作方法和成效。例如，针对学生的心理健康教育，学校邀请徐汇区心理教育专家陈瑾瑜老师对全体教师开展心理健康辅导和协同育人的培训；

为提升教师家庭教育指导能力的需求，学校开设过“家庭教育指导方法和技能”的专题培训。

培训时间	培训内容	培训对象
2017年	《推进综合评价，培养学生良好学习习惯》	全体教师
2017年	学习讨论《教育部关于加强家庭教育工作的指导意见》	全体教师
2018年	《关注学生心理健康，注重协同育人》	全体教师
2018年	《加强人际有效沟通，发挥团队力量》	全体教师
2019年	《发挥工匠精神，和学生共同成长》	全体教师
2019年	《视问题为资源，提升教师的育德意识和能力》	全体教师

攻坚克难需要突击队，学校家庭教育工作同样需要一批富有创意、能打硬仗的骨干成员以及一支充满热情、指导有方的核心教师队伍。一中心小学家庭教育的骨干成员包括德育教导、教学教导、大队辅导员、年级组长、心理教师和几位家庭教育专长的家委会成员。学校每学期都组织骨干成员学习相关的文件、理论；按照工作重点和实际问题制定家庭教育的相关工作制度和规划；讨论学校家庭教育的工作计划和内容安排；针对每个年段的主题教育活动，每学期召开专题会议讨论完善校园开放日方案和家校互动的方案；研究学校家庭教育课程设置的整体框架，编制相关讲义教材等，以此来带动学校家庭教育工作的整体推进。班主任是与学生、家长沟通最密切的教师人群，是落实家庭教育日常指导的一线人员，他们构成了我校家庭教育指导工作的核心队伍。学校利用班主任例会组织班主任研读有关文件，开展个案交流，加强家校互动的方法技能指导，不断提升班主任开展家庭教育的能力和水平。

培训时间	培训内容	培训对象
2017 年	学习《上海市 0—18 岁家庭教育指导内容大纲》	骨干团队成员
2018 年	《引进家长评价，助推学生成长》	骨干团队成员
2019 年	学校家庭教育课程设置研讨	骨干团队成员
2019 年	学校新五年规划家庭教育内容研讨制定	骨干团队成员
每年	一至五年级主题德育活动校园开放日方案研讨	骨干团队成员
2017 年	学习《中小学德育工作指南》	核心团队成员
2017 年	《与家长沟通的艺术》	核心团队成员
2018 年	《关注孩子的心理问题，及时进行干预和帮助》	核心团队成员
2018 年	教师家访谈话技巧	核心团队成员
2019 年	家庭教育优秀案例分享	核心团队成员
2019 年	家庭教育课内容征集	核心团队成员

为充实学校家庭教育师资队伍，学校还专门聘请了优秀的学生家长代表和具有各方面专业特长的社会人士担任家庭教育兼职老师。我们家庭教育兼职队伍里有从事教育培训工作的家长，有街道居委会的主任，有中科院的科学家，有具有法律背景的法制副校长，还有上海交响艺术教育学校校长，更有社区未青保办的老师。来自社会各界的兼职老师们不仅带来了丰富的教育资源，开拓了我们教师和家长的眼界，更为我们不断推进家庭教育工作，提升家庭教育水平提供了专业保障。

（四）重预算加大家庭教育资金投入

学校每年的预算中都充分考虑开展家庭教育培训活动和实践活动必要的经费使用。我校的家庭教育经费使用主要包括开展各类家校教育实践活动、组织家庭教育指导培训、开展家庭教育课程建设和研究等方面。随着我校家庭教育工作的逐年深入，这几年我校的家庭教育经费投入也是逐年递增。

家庭教育专项经费使用	
年　度	投入金额（元）
2017	15 000
2018	20 200
2019	24 500

二、拓宽互动渠道，促进家校合作新气象

（一）规范运作，不断发挥家委会作用

学校根据《家委会章程》中规定的公平公正、家长自治原则，向全校家长们宣传学校的《家委会章程》，明确家委会制度。各级家委会通过自荐和他荐的方式，经选举产生校级、年级、班级家委会。各层面家委会在学校工作中共同促进家校合作，优化育人环境，不仅起到了家校沟通的润滑剂功能，而且在学校教学、管理、决策，家庭教育指导等各项工作中都发挥着越来越重要的作用。

学校为家委会设置了专门的办公室，提供会议场地供各级家委定期召开会议，充分运行家委会的工作机制。学校遵照家委会议事制度，定期向家委会汇报学校各方面工作，征求家委会的意见和建议，和各级家委会开展充分交流。家委会也积极发挥讨论议事职能，参与到学校的各项教育教学活动中来。学校的“科技六一”，家长们从活动策划与安排群策群力，搭台和孩子们一起动手动脑开展亲子活动；各班家委会家长轮流定期检查、监督学校食堂各项操作流程，保证学生食品安全；学校大修期间，家委会家长还来校全程监督大修工程进展，监督工程质量和环境。各级家委会通力协作成立了一支“家长志愿者服务队”，与学校护导老师、保安一起维护

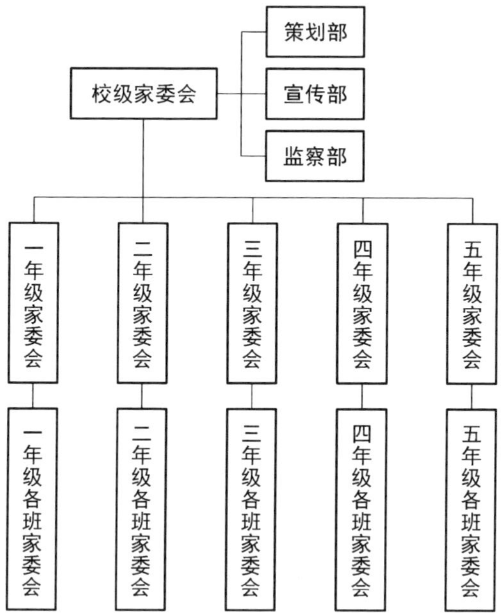

学生放学路队和接送学生的家长们的秩序。多种“参政议政”的形式保障了家委会的知情参与权，促进了家委会监督保障作用的发挥。

各级家委会成员为了更好地与学校形成合力，利用徐汇区第一中心小学微信公众号、徐汇区第一中心小学校园网、班级微信群、晓黑板等新媒体途径，向广大家长定时定期发送家庭教育方法、家庭教育案例、网络微课讲座等家长喜闻乐见的、贴近家庭生活、解决实际教育问题的指导，获得了广大家长们的好评。

（二）科学辅导，丰富家长学校培训形式

我校的家长学校师资队伍主要由家庭教育骨干团队和核心团队班主任组成。学校每学年都会制定家长学校的辅导计划，根据孩子的不同年龄和家长的不同需求确定讲座主题，精心准备，结合家长会分年段、分层次开展家庭教育指导讲座活动，引导家长学习先进的家庭教育理念，探讨正确的教育方法，提升家长的教育水平。同时我们还把团体辅导和个别辅导相结合，满足不同需求的家长，家长的参与率达到了98%以上。

时　间	专题培训或讲座	参加对象
2017 年 1 月	学生的培养要从好习惯培养开始	各年级、各班
2017 年 4 月	营造良好的育人环境	全校
2017 年 6 月	毕业班学生家庭教育指导	五年级
2017 年 8 月	探讨幼小衔接，做好入学准备	一年级
2017 年 11 月	家校互动 共同育儿	全校
2018 年 1 月	如何理解学生的综合评价，促进学生全面发展	各年级、各班
2018 年 4 月	良好的习惯要从点滴小事做起	全校
2018 年 6 月	毕业班学生家庭教育指导	五年级
2018 年 8 月	探讨幼小衔接，做好入学准备	一年级
2018 年 11 月	建立良好的亲子关系，关注学生的心理健康	全校
2019 年 1 月	科学育儿（主讲：各班家长代表）	各年级、各班
2019 年 4 月	“爱子之道”	全校
2019 年 6 月	毕业班学生家庭教育指导	五年级
2019 年 8 月	探讨幼小衔接，做好入学准备	一年级
2019 年 11 月	学生常见心理问题的识别和帮助	全校

除此以外，为了更好地让我们的家长能够全方位地关注学生全面发展，陪伴学生快乐成长，家长学校还设计了具有学校特色的教育实践活动，让我们的家长参与到学校丰富多彩的校园文化生活中来，感受“比德于玉，致和求精”的文化气息。如作为上海市童谣传唱基地学校，我们邀请家长和同学一起创编童谣，唤起家长的童年记忆，感受传统文化的魅力；课本剧汇演活动让家长和学生一同感受语文综合活动的快乐；亲子阅读帮助家长营造浓浓的书香家庭氛围；亲子运动会上，家长们和学生一同奔跑欢笑，

全民健身的理念深入人心。我们还把校园十景的评选结果印成了台历，家长们和学生们看着日历，对学校的感情油然而生。因此家长们参与这些实践活动的热情都很高，在这些活动中对学校的办学理念和校园文化也有了更深刻的了解。

家庭教育指导或实践活动	参加对象
童谣传唱活动	全校
课本剧汇演活动	全校
点亮一盏灯，亲子阅读活动	全校
亲子运动会	部分家长代表
六一科创活动	部分家长代表
龙华烈士陵园红色基因寻访活动	部分家长代表
老洋房探访活动	部分家长代表
校园十景评选活动	部分家长代表

（三）校园开放，促进家校良性互动

学校精心策划每一次的校园开放日活动，利用每一次接待日和家长会，让家长走进学校，了解学校。学校结合每个年段学校的培养目标，构建了校本主体性德育活动序列，并设计了完善的校园开放日方案，加强了对家长的家庭教育指导。学校依托元宵节、清明节等民族传统节日和重大纪念日邀请家长大手牵小手一起参与班级或学校的主题活动，增进亲子沟通和交流：元宵节包汤圆做灯笼；清明节看家谱学家训；改革开放四十年拿起相机记录上海新变化，家长们孩子们兴趣盎然，踊跃参与。家中温馨的镜头，漫步街头的画面，充满童趣的作品都印证了相伴共成长的家庭教育理念。更值得一提的是学校非常注重各项活动的后续反馈，主动征求家长对

学校活动的意见和建议，不断完善丰富校园活动方案，满足家长的互动需求，提高家庭教育活动的质量。

年　段	主题德育活动内容	家庭教育指导
一年级	“小荷才露尖尖角”才艺展示活动	行为规范教育
二年级	“星星火炬指引我前进”	入队仪式教育
三年级	“爱，让我们插上翅膀”十岁生日	感恩教育
四年级	“星星之火永不灭，革命精神代代传”	校史教育
五年级	“告别母校，放飞理想”毕业典礼	理想教育

学校充分运用学校微信公众号、班级群、晓黑板等新媒体，建立家校互动、信息沟通的新平台，拓展家庭教育指导的新途径。学校建立了完善的网络发布制度，做到内容及时更新，传播正能量，加强家校沟通，指导家长开展家庭教育，收到了非常好的效果，据统计今年上半年疫情期间我校的微信公众号浏览量就达到了 20 000 次以上。

学校建立了完善的家访制度，要求新接班 100%必须家访，寒暑假完成一定比例家访任务，对特殊学生和突发情况更要及时开展家访，通过家访，学校能及时了解学生学习和生活的情况以及思想动态，耐心倾听家长对学校工作的反馈和建议，加深彼此的理解和支持。学校要求所有任课教师对家长要进行有针对性的、个别化的指导交流，使家长明确教育方向、知晓因人而异的教育方法。

学校为了畅通沟通渠道，不仅让家长可以通过微信公众号后台留言，还开设了校长信箱等多种渠道鼓励家长向学校提出合理化建议和各种诉求。例如，当收到家长反映冬天午餐偏冷的情况，学校立刻采取措施，要求食堂冬天做好保温措施，加保温垫，这样学生冬天的午餐仍然是热气腾腾的。

学校积极参与社区家庭教育指导工作。每年寒暑假，学校会定期去天平街道、嘉善路居委会进行讲座或咨询活动，开展家庭教育的针对性指导。招生季来临，学校会派骨干老师参与社区的咨询会。另外，学校邵红老师为辖区的襄阳南路幼儿园大班家长开设家庭教育讲座《幼小衔接》，解决幼升小中家长的困惑，为社区家长进行培养良好习惯的方法指导。

三、注重课程建设，提升学校家庭教育的影响力

（一）科研引领，重在积累

学校的家庭教育指导工作，坚持科研引领。学校每学期都会向全体家长征集了解家长对家庭教育的需求以及对学校家庭教育指导工作的看法，广泛征求家长的意见，找到并抓准家长近期的热点需求，这样才能为家长提供专业又精准的指导和帮助。

近年来，学校紧紧围绕徐汇区中小学“德育百题”课题《建构家庭教育课程，开展家庭教育有效指导的策略研究》的研究建构了具有学校文化气息的家庭教育课程，帮助家长更新家庭教育理念，提升家庭教育水平，促进了家长和孩子共同成长。学校有三位老师的家庭教育案例和论文在徐汇教育网上得到了发表。学校更积累了许多第一手家庭教育的资料和成果，建立了资料库。

（二）课程建设，注重实效

近年来，学校根据我校家庭教育的现状，依托区德育百题课题的引领，注重系统的顶层设计，加大了对家庭教育课程的建设力度，开发形成了富有学校文化特色的“比德好家长，相伴共成长”的校本家庭教育特色项目，后文将做具体介绍。

（三）和谐双赢，回馈社会

每学年，学校都会通过问卷形式在全体家长中，对学校开展的活动和家庭教育指导的满意度进行调查，调查结果显示，家长的满意度超过了

95%以上。而每次家长学校活动结束后，家长们总是意犹未尽，连连感谢学校对学生的精心培养，表示自己也受益匪浅。可以说，高质量的家庭教育促进了家长水平的提升：四（3）班翟泓麟爸爸被评为了上海市“十佳爸爸”，三（1）班石为之爸爸被评为上海市“好爸爸”的称号，三（3）彭泽宸妈妈也被评为上海市“好妈妈”。

学校和天平街道一直保持着良好的合作共建关系，将学校教育、家庭教育主动融入和谐社区建设当中，积极向社区开放运动场地，开放学校多功能厅举办社区家庭文化活动，在社区文艺演出中展示我校家庭教育的成果和学校特色节目，得到了街道和社区居民的广泛认可。

四、形成特色品牌——“比德好家长·相伴共成长”家庭教育指导特色项目

（一）项目背景

我校是一所百年老校，有着深厚的文化底蕴，培育了一代又一代的“比德人”。我们感到学校教育和家庭教育是相辅相成的，其教育目标的一致性有利于学校和家庭在教育理念与育人方式上达成共识，形成家校育人共同体，而家长对学校办学理念和育人目标的认同感，也能潜移默化地影响着自身的教育理念和教育行为，有助于培养孩子良好的品格和习惯。学校坚持“比德于玉，致和求精”的办学理念，旨在培养“仁（有爱心）、礼（讲礼仪）、智（善学习）、和（能合作）”的“比德好少年”。因此我们也希望能把“以玉立德”的育人理念与家庭教育理念进行有效链接，强化以德行育人，以文化育人，于是创建了“比德好家长·相伴共成长”的家庭教育指导特色项目。

（二）内涵目标

学校旨在通过“比德好家长·相伴共成长”的家庭教育指导特色项目，培养具有“仁（善于爱）、礼（循规律）、智（有方法）、和（讲和谐）”的

"比德好家长"，与孩子相伴相知，共同成长。家长能以自身良好的品行感染教育孩子，为孩子做出言传身教的榜样，促进他们健康快乐地成长。

（三）内容框架

学校围绕"以玉立德"的育人理念，制定了"比德好家长·相伴共成长"校本家庭教育特色项目内容框架：

主题	目标	内容	形式
仁 （善于爱）	帮助家长学会爱的教育，以自身良好的品行感染教育孩子，与孩子相伴相知，共同成长。	1. 家庭教育中的爱与规则 2. 与爱对话：亲子关系构建的核心 3. 平息情绪风暴，找回爱的能力 4. 用心引导，向善而育	讲座沙龙 案例征集 网上互动 参与实践
礼 （循规律）	帮助家长了解孩子的成长规律，遵循正确的教育规律，提高家庭教育成效。	1. 小学家长的教育定位 2. 家长的陪伴是孩子成长的力量 3. 家长是孩子最好的榜样 4. 习惯教育最重要	
智 （有方法）	帮助家长掌握科学的育人方法，分享成功育儿经验，提升教育智慧和育人能力。	1. 做智慧型家长 2. 亲子沟通的艺术 3. 好爸爸修炼法 4. 指导孩子进行人生规划	
和 （讲和谐）	优化家庭教育环境，促进家庭和睦，增强参与素质教育的意识和合力。	1. 与孩子交朋友 2. 美好家庭是和谐社会的基点 3. 让问题变目标 GROW 模型 4. 底线之内给予充分自由	

整个项目内容学校依据培养"比德好家长"的目标，分为仁（善于爱）、礼（循规律）、智（有方法）、和（讲和谐）四部分，通过调研、座谈等形式，针对家长的普遍需求及社会相关热点、家教难点等问题，精心设

置了 16 个微型小讲座①，帮助家长转变教育观念，调整教育心态，改善亲子关系，掌握正确育人方法，优化教育环境。

良好的家庭教育建议在尊重与平等之上，并且爱的教育更有利于孩子健康、快乐成长。由此，学校以“仁”为核心，“善于爱”为落脚点，安排了《家庭教育中的爱与规则》《与爱对话：亲子关系构建的核心》《平息情绪风暴，找回爱的能力》《用心引导，向善而育》四个主题讲座，帮助家长学会如何表达爱，树立正确的育儿观。

孩子是独立的个体，其成长与自身性格、周遭环境等都有着紧密的联系。而家长是最熟悉孩子的人，如对其情况能有较为理性的认识和科学分析，就能更有针对性地安排教育内容，提高教育效果。基于这点，学校抓住“礼”，指导家长了解孩子的年龄特点和身心发展规律，掌握一定的教育规律，这样就有助于调整好心态，从容地面对各种问题，提高家庭教育的成效。比如《小学家长的教育定位》就是学校根据一年级新生的特点，帮助一年级新生家长克服焦虑情绪，做好幼小衔接的“新生入学”的指导讲座。

家庭教育的理念和方法，与时代发展和社会需求息息相关。当家长在教育过程中产生问题和无措的时候，最信任也最希望从学校获得家庭教育指导，帮助他们解决实际的教育问题。学校充分发挥“智（有方法）”此部分的作用，设置讲座帮助家长掌握科学的育人方法，分享成功育儿经验，提升教育智慧和育人能力。比如在第三板块中，有为五年级家长设计的如何帮助毕业生制定人生初步规划的讲座；也有聚焦社会现象，改进现代家庭教育缺失的“好爸爸修炼法”讲座。

---

① （编者注：最初提交的自评报告中为 16 个主题小讲座，而本书出版前微调为 17 个主题小讲座，在“礼”这一部分中增加了“5. 劳动教育从小抓起”，在“智”这一部分中增加了“5. 理性地爱孩子，才是真爱”，而将“和”这一部分的第 4 条“底线之内给予充分自由”删去。故此，前言中为 17 个小讲座，书中部分文章的标题也与最初报告中的内容框架有些微差异，还望读者了解。）

家庭是社会的细胞，是孩子人生的第一所学校，更是国家发展、民族进步、社会和谐的重要基点。学校在“和”这个板块安排的讲座就是教会家长要尊重孩子，与孩子平等对话，营造和睦的家庭育人环境。

学校安排的16个讲座内容不在全，而在精，既有普及性质的知识讲座，又有针对性较强的实践讲座，讲座的内容可以在后续的研究实践中不断完善和更新。

（四）实施过程和途径

学校依据“理论—实践—反馈—分享”四个维度出发，指导家长如何成为一位“比德好家长”，在家庭教育中坚持“以玉立德”的核心理念，紧扣“仁（善于爱）、礼（循规律）、智（有方法）、和（讲和谐）”四个方面，充分发挥家长的主体责任，提高家庭教育的品质。

1. 因人而异，各取所需

学校四个主题下的16个讲座，结合不同年龄段孩子特点以及家长需求所设，涵盖面广，为家长们提供了丰富的学习资源。同时，学校依据“因材施教”的原则，将讲座分为全校性普及类、推荐性质类、个人自主选择类。全校性普及类讲座如《家庭教育中的爱与规则》《指导孩子进行人生规划》等，结合学校家长会或者开放日活动举行，鼓励家长人人参与，更新教育理念，树立正确的育人观。另外，班主任结合班级中家长情况，推荐家长参与个性化、小型的教育沙龙，如《亲子沟通的艺术》《习惯教育最重要》等，能让家长有针对性地了解教育知识，掌握一定的教育技巧，提升自身教育能力。此外，学校开放网上交流和自选课程通道，向家长推荐相关育儿讲座，供家长选择学习。

2. 参与活动，付诸实践

学校鼓励家长在听取相关讲座之后，深入家庭中，设定家庭教育阶段性目标，并借助所获得的育儿方法进行家庭实践，进行周期性地效果观察和评价反馈。

学校向家长提供与校本德育课程建设相结合的各年级开放日活动和特色活动，将学校的主题教育延伸至家庭，增加亲子间的互动交流，实践相关的家庭教育理念和科学的育人方法。如我校的老校长韩慧如是《永不消逝的电波》中李白原型秦鸿钧烈士的遗孀。她撰写的《真正的共产党人》是我校爱国主义校本教材。因此，弘扬比德精神，传承红色基因就成了我校家庭教育中极具有历史价值和文化象征的特色活动。学校倡议家长与孩子同读一本“书”，共晓一段“史”，并可选择参与“龙陵校史行”的清明祭实践活动。又如三年级主题开放活动：十岁集体生日，一封封写着家长回忆和期许的，饱含爱意的信是一个拉近家长与学生距离的快捷键，学校为家长营造的集会氛围，加强了亲情之间的互动，搭建了家长进行感恩教育的桥梁，帮助家长认识到其身份以及其责任，建立起“以玉立德”的核心育儿观。

学校还鼓励家长带领孩子走出家门，开展社会实践，在活动中通过亲子合作，加强亲子之间的沟通交流，拓宽视野。我校位于徐汇区“天平学区”，周围有着大量老洋房建筑，其中“丁香花园”是我校校外教育活动实践点。“浪漫过往，唯有香如故——走进丁香花园”是我校的老洋房探访课程。学校邀请家长参与此特色课程，在校内充分学习下，由家长带领孩子进行实地的老洋房探访，共同游览，一同思考，完成活动学习单，开启了德育活动的项目化学习。

3. 反馈效果，积累经验

家庭是学校重要的合作伙伴，两者有多渠道的双向沟通，能促进创建良好的育儿环境。由此，学校不断拓展家校互动交流方式，注重了解家长反馈的育儿效果，进一步优化课程。学校根据不同讲座，不同家庭教育问题指导情况设定相应的回访周期，短则一月，长则一学期，通过问卷调查、座谈交流等方式了解家长在实践过程中取得的效果、依旧存在的困惑以及收效甚微的难题，为家长提供进一步的家庭教育指导意见，进一步促进“比德好家长”的养成。

4. 鼓励分享，表彰优秀

家长在学校各项活动和资源的支持下，积累了不少的家庭教育经验。学校鼓励家长撰写家庭教育案例，共享育儿经验。为此，除了定期的家长学校活动以外，学校还以年级和班级为单位，由家委会进行组织，进行“科学育儿”座谈活动，由各班家长代表作为主讲人，从“德、智、体、美、劳”各方面分享育儿经验，探讨共同的育儿难题，家校共商，携手育童。

同时，学校根据调查所得的家长教育困惑以及结合社会教育热点面向全校家长进行征稿，鼓励家长以文字，图文，视频等不同形式讲述育儿故事，分享育儿经验。学校筛选合适案例，在学校微信公众号进行推送，予以了乐于分享家庭教育经验的家长极大的肯定，同样为遇到同样教育问题的其他家长提供了可参考的经验。特别是此次疫情中，线上教育的开展使得学生的学习模式发生了巨变，家庭成员对于新模式的适应产生了诸多问题。由此学校通过公众号进行了疫情中家庭教育案例的征稿，并择优在公众号上进行了连载，给予了困惑家庭一些良性的家庭教育案例参考。

除此以外，为了让每个家庭动起来，让美德深入人心，让美好行为成为时尚，学校定期开展“比德好家长评选”活动，激励和表彰家长及时调整更新育儿观念，积极参与学校活动，乐于分享育儿智慧，缔造健康向上和睦快乐的家庭，促进家校合力，携手共育。

（五）实施效果

在“比德好家长·相伴共成长”特色项目中，家长通过专业的讲堂、接地气的“育儿经验分享”，以及学校开展的各项亲子活动，逐渐形成“以玉立德”的核心家庭教育观，对于学校的“比德于玉，致和求精”的办学理念有了进一步的体会，形成了坚实的家校合力，共建起良好的育儿环境，促进学生健康快乐地成长。

1. 提高了家长对学校文化的认同感

学校对家长进行家庭教育指导，鼓励家长人人参与各年级的开放日活动，为家长提供参与学校特色活动的机会。家长在参与的过程中，有了对学校“以玉立德”育人观念的倾向性认识和认可，逐渐形成文化亲近和信任的心理情感，形成“以玉立德”核心家庭教育观，并实行相应的教育行动的准则。在学校、学生和家长的共同作用下，进一步生成了以“德”为核心的校园文化，传承了“比德于玉，致和求精”的学校精神，落实了以德育人、以文化育人的办学宗旨。

2. 促进了家校的进一步合力

在对学校“玉”文化逐步认同下，家长进一步提升了自己的育儿理念，努力成为“比德好家长”，践行“以德示爱”，因材施教，营造出平等良好的家庭氛围，秉持“以德促行”，做到教育身先行，为学生做出了良好的示范作用。家长更加积极地参与学校的各项工作，共建起良好的育儿环境，形成了坚实的家校合力，促进了学生健康快乐地成长。

3. 提升了家长的育儿水平

特色项目的实施促进了家长育儿能力的提升。学校设置的“德馨小讲堂”通过普及家庭教育，促进亲子之间更好地沟通和交流，让家长体会到陪伴孩子共成长的重要性。对于一些部分个别化家庭，通过学校的主题专场交流、案例分享，学习教育技巧，汲取其他家庭成功育儿经验，改善自身家庭教育中出现的问题。该课程帮助家长转变了教育观念、提升了家庭教育水平，同时能以积极的心态去面对孩子在成长过程中的各类问题，以充满智慧和艺术性的方式开展与孩子的教育互动。

五、发挥示范辐射作用，提升学校家庭教育的品质

近年来，学校家庭教育的水平不断提升，在各方面也取得了一定的成绩。学校家庭教育课题《建构家庭教育课程，开展家庭教育有效指导的策略研究》入选徐汇区中小学“德育百题”。我校刘惠琳老师的《教育是缓慢而优雅的》、周嫣老师的《和谐施教，共育新人》、张颖老师的《爱满心间》三篇家庭教育小论文在徐汇教育信息网上做了交流。四（3）班翟泓麟爸爸被评为了上海市“十佳爸爸”，三（1）班石为之爸爸被评为上海市“好爸爸”的称号，三（3）彭泽宸妈妈也被评为上海市“好妈妈”。作为家庭教育实践特色活动，我校的童谣传唱2019年曾接受了SMG上广电台940小超人节目组专访。《东方教育时报》和徐汇有线电视台对我校的龙华烈士陵园祭扫活动也进行了采访和报告，“徐汇教育”将其作为重要新闻在微信公众号进行了推送。

总之，家庭教育是学校教育和社会教育的基础。家庭教育开展得如何，直接影响到孩子的终身发展，关系到“立德树人”工程的实施。学校要充分发挥自身在家庭教育中的重要作用，不断完善学校家庭教育网络，丰富学校指导服务的内容，推进家庭教育课程体系建设，办好家长学校，推动学校、家庭、社区共同携手培养德智体美劳全面发展的社会主义建设者和接班人。

上海市徐汇区第一中心小学
2020年6月

图书在版编目(CIP)数据

比德好家长，相伴共成长 ：上海市徐汇区第一中心小学家庭教育指导特色项目成果集 / 陆培贤主编 .— 上海 ：上海社会科学院出版社，2022
ISBN 978-7-5520-3993-1

Ⅰ.①比… Ⅱ.①陆… Ⅲ.①小学生—家庭教育—成果—汇编—徐汇区 Ⅳ.①G782

中国版本图书馆 CIP 数据核字(2022)第 200209 号

比德好家长，相伴共成长
——上海市徐汇区第一中心小学家庭教育指导特色项目成果集

主　　编：陆培贤
责任编辑：王　芳
封面设计：徐　蓉
出版发行：上海社会科学院出版社
上海顺昌路 622 号　邮编 200025
电话总机 021-63315947　销售热线 021-53063735
http://www.sassp.cn　E-mail:sassp@sassp.cn
排　　版：南京展望文化发展有限公司
印　　刷：上海丽佳制版印刷有限公司
开　　本：720 毫米×1000 毫米　1/16
印　　张：10.25
字　　数：131 千
版　　次：2022 年 11 月第 1 版　　2023 年 9 月第 2 次印刷

ISBN 978-7-5520-3993-1/G·1213　　定价：79.80 元